KB118316

대한민국
마음
보고서

대한민국
마음
보고서

불확실한 시대,
우리를 위한
심리학

하지현 지음

문학동네

한국인의 마음이 위험하다

한국인의 마음에 위험신호가 켜졌다. 오랫동안 속부터 썩어들어가다가 뿌리까지 잠식해들어가고 있다는 증거가 여기저기서 보인다. 겉으로는 멀쩡히 잘나가는 것 같아 보이지만 어느 순간 확 무너져버릴 위험이 있다. 겉에 보이는 작은 틈들은 그저 두고볼 수 없는, 표피적 문제를 넘어섰다는 징후가 보인다.

"내가 부서져버릴 것 같아 무서워요." 최근 들어 진료실에서 자주 듣는 호소다. 이 사람은 평소에 병을 자주 앓던 약한 사람이 아니다. 지금도 열심히 씩씩하게 살고 있지만 최근 여기까지가 내 한계인가 싶은 아슬아슬한 느낌을 받을 때가 한두 번을 넘어섰다고 한다. 예기치 못한 방향에서 툭하고 충격이 오면 확 부서져 형체도 없이 재만 남을 것 같다는 것이다.

이는 존재론적 불안이라 할 수 있다. 자아가 엄청나게 허약한 사람이 아닌 한, 이처럼 존재가 사라져버릴 것 같다는 공포에 가까운 불안을 경험하지 않는다. 나를 보호하는 보호막에 울림이 있거나 흠집이 생기는 정도, 혹은 벽의 일부가 훼손되어 무너질 듯한 느낌을 받는 정도가 대부분이다. 그런데 멀쩡하게 잘 살아가던 사람들도 이제는 겨우겨우 생존을 해내고 있을 뿐이고, 살아가는 것이 아니라 살아지는 것처럼 수동적으로 끌려가며 종종 '한 방에 훅 가버릴' 것 같다는 위기감을 느낀다.

이런 변화는 나약한 개인이 증가해서 생겨난 것일까? 시쳇말로 요즘 사람들이 파이팅이 없어서 그런 것일까? 아니다. 개인의 문제가 아니다. 인간은 환경에 적응해나가는 개체다. 개인과 환경은 반복적인 상호작용을 하면서 개인이 환경을 변화시키기도 하고 환경에 맞춰나가기도 하면서 최적의 균형 상태를 만들어나간다. 만일 환경의 변화가 개인의 보편적인 적응능력의 범위를 넘어서는 속도로 광범위하게 일어난다면, 개인의 적응이라는 것도 전혀 다른 방향으로 일어나거나 아예 실패하고 말 것이다.

많은 정신병리가 사회문화의 영향으로 발생한다. 예를 들어 거식증이나 폭식증 같은 식이장애는 여성의 이상적인 신체 이미지와 날씬한 몸매에 대한 사회적 강박에 개인이 과잉적응하거나 적응하는 데 실패한 결과라고 볼 수 있다. 정신병리 사전에 새 용어가 추가되는 속도는 수십 년에 걸쳐 한두 용어 정도일 뿐이다. 반면 지난 10여 년 사이 한국 사회는 변화의 흐름이 너무나 빠르고 광범위해 새로운 용어가 자리를 잡기 전에 다른 새로운 현상이 등장해서 이전 것을 밀어내는 형국이다. 더욱이 요즘처럼 병리 현상에 가까운 모습이 광범위하게 나타나거나 의외의 적응양상이 일어나는 현상은, 새로운 개체가 돌연변이처럼 출현한 결과라기보다 사회변화에 대한 반응으로 보는 것이 타당하다.

사회학자들이 세상의 흐름을 거시적으로 본다면 정신과 의사는 개개인을 미시적으로 분석하고 그들의 치유를 돕는다. 지난 20여 년 동안 신자유주의 문화는 정신과 의사의 어깨에 많은 짐을 얹었다. 문제를 바라보는 중심축이 사회보다는 개인의 자유와 책임 쪽으로 옮겨갔고 문제의 해결도 개인으로 초점이 맞춰졌다. 내면의 성찰을 통한 자아의 변화와 성장, 그리고 조직에서의 성공을 위한 자기계발은 동전의 양면이었다. 생활 방식 면에서는 불편함이 없애야 할 증상이고, 그런 증상을 제거해 경쟁력을 강화하고 자아를 성장시키는 트렌드가 대세였다. 개인이 자신의 노력을 통해 생존 가능성을 높이는 것이 가장 좋은 해결책이란 말은, 언뜻 듣기엔 멋지고 좋은 말로 들리지만 다른 한편으로 이 말의 이면에는 문제의 원인을 사회에서 찾지 않고 모든 것을 개인의 문제로 환원하는 신자유주의의 책략이 숨어 있다. 결국 몸과 마음, 사회와 개인을 분리하고 대립시키는 이원론적 사고와 한쪽으로 치우친 불균형은 취약한 개인에게 위험을 불러온다.

오랫동안 문제가 생긴 개인을 보다보니 변화하는 세상의 흐름 속에 사는 사람들의 처절한 노력과 일정한 패턴이 보이기 시작했다. 현재 우리 사회는 과거 200년, 아니 짧게는 30년 전과도 너무나 달라져 있다. 과거 봉건적 농경사회에서는 거의 모든 것이 정해져 있었다. 자기가 살던 곳에서 자기에게 주어진 사회적 위치를 지키고 살아가다가 그 안에서 행복과 불행을 겪고 죽었다. 90퍼센트 예측 가능한 삶이었다. 또한 70~80년대의 한국사회는 개발독재와 사회경제적 팽창이란 측면에서 예측할 수 있었다. 여러 불확실성은 그 예측가능한 경제 발전 안에서 도리어 가능성과 행운이라는 이름으로 바뀌었었다. 하지만 2010년 이후 한국의 현재는 어떠한가. 모든 문제는 개인의 책임이고, 발전은 한계에 다다랐으며, 1년 앞도 차분히 바라보고 예측하기 힘든 상황이다. 이럴 때 개인은 무엇을 할 수 있을까?

세상은 불확실성 그 자체다. 예측하기 어렵고, 내가 통제할 수 있는 것은 거의 없는 상황에서 인간은 가장 큰 스트레스를 받는다. 그 스트레스의 주체는 개인이고, 해결자도 개인이어야 한다고 사회는 말하고, 사람들은 그렇게 믿고 있다.

진짜 그래야 하는 것일까? 그냥 이대로 휩쓸려가는 삶을 살아갈 것인가, 아니면 세상의 흐름을 잘 살펴보고 그 물결을 서핑하듯이 타고 넘어갈 수 있는 능력을 가질 것인가. 이 문제를 개인의 성장을 통해 풀 것인가 아니면 연대하고 공감하며 협력하고 정치활동을 통해 사회를 변화시킴으로써 해결할 것인가. 어느 것이 이 시대를 헤쳐나가는 길인지 분별할 줄 아는 것만으로도 지금 우리가 겪고 있는 혼란은 줄어들 것이라 믿는다. 이제부터 현재 우리 사회의 개인들이 처한 하나하나의 문제가 사실은 '나만의 독특한 처지와 경험'에서 나온 것이 아니라, 정도의 차이가 있을 뿐 '대부분의 사람들이 처해 있으면서 해결해나가기 위해 노력하는 문제'와 '이에 대한 각자 나름의 적응양식'이라는 것을 밝혀보려고 한다.

정신승리, 혼밥, 묻지마 폭력, 먹방과 쿡방처럼 최초 몇 년 사이에 나타난 사회적 현상들은 사실 하나의 커다란 흐름 속에서 개개인이 다르게 반응한 양식이다. 묻지마 폭력처럼 심각한 사회문제가 된 것도 있지만, 그런 경우를 제외하면 심리적 문제를 해결하기 위한 노력으로 의미를 부여할 수 있으며, 그것이 어떤 방향으로 나아가야 할지 생각해볼 필요가 있다.

무엇 하나 확실한 것이 없어 공무원이 최고의 희망 직장이 되어버린 이 시대에 정신 똑바로 차리고 부서지지 않고 버텨내면서 더 나은 인간다운 삶을 살아가려는 사람들이 이 책을 읽었으면 한다. 지금 여기의 상태가 어떠한지, 사람들은 거기에 대해 어떤 반응을 하고 또 모여서 어떤 노력들을 열심히 하고 있는지 안다면 최소한 지금 내가 허둥대며 쫓아가려 하는 것들의 의미도, 인간다운 삶을 위한 새로운 방향의 단초도 알 수 있지 않을까 싶기 때문이다.

2017년 2월

하지현

◉

2부 유동하는 마음의 지형

○

3부 마음을 위한 액션

1부

◦

마음이 위험하다

1

마음의 체력
더이상 참고 싶지 않다?

새로운 형태의 정신승리

"알아서 할 테니까 기다려주세요. 재촉하지 말란 말이에요." "완벽하게 준비가 되지 않은 상태라면 아무 의미가 없어요." 20대 중반의 젊은이가 말한다. 그는 별 문제 없이 무난하게 잘 자랐다. 중산층 부모가 적극적으로 돕고, 본인도 공부를 잘한 덕분에 좋은 대학에 들어갔다. 여느 대학생이 그러듯 대학교 1학년을 마친 뒤

휴학을 하고 입대를 해서 군 복무를 끝낸 후 복학을 했다. 3학년을 마친 다음에는 1년간 해외 어학연수도 갔다 왔다. 4학년 때는 취업 준비를 하고 대기업 여러 곳에 원서를 냈지만 번번이 고배를 마셨다. 더이상 미룰 수 없어 졸업을 한 다음에도 도서관에 나가서 취업 준비를 했다. 2년이 지났지만 안타깝게도 원하는 곳에 취업하지 못했다.

은퇴를 한 부모는 지금까지 투자한 게 아까워 기다리면서도, 마음 한편으로는 빨리 중소기업에라도 자리를 잡고 결혼했으면 싶다. 넌지시 기회를 봐서 "여기 원서 한번 넣어보면 어떠니?"라고 이야기해보지만 아들은 짜증만 부린다. 혼자 방에서 소리를 지르는 등, 하지 않던 공격적 행동이 늘어갔다. 그런 시간이 지속되다가 최근 반년은 그나마 하던 공부도 작파하고, 취업 사이트는 열어보지도 않은 채 퍼져 지내기 시작했다. 점심때까지 방에서 잠만 자는 것 같아 혹시 우울증에 걸린 게 아닌가 하는 걱정이 들어 부모가 아들을 데리고 나에게 온 것이었다.

증상을 듣고는 나도 반복된 좌절에서 온 무력감으로 생긴 우울증일 거라 짐작하고 만나서 이야기를 해보았다. 그런데 웬걸, 훤칠한 키에 멀끔한 얼굴의 청년은 나와 눈도 잘 마주쳤고, 나를 만나고 있는 상황이 잘 이해가 되지 않는 눈치였다. 면담을 해보니 취업 실패에 관한 이야기가 이어졌지만 지금 상태는 임상적으로 문제가 될 만할 수준의 우울증은 아니었다. 청년은 속이 타는 심정은 부모와 마찬가지였지만 그렇다고 불안해 보이지 않았고, 지금 상태에 대해서 조바심을 내는 것 같지도 않았다. 흘러가는 시간의 초침을 불안하게 바라보는 것은 부모일 뿐, 당사자인 청년은 현실의 문제를 초월한 득도자의 여유를 가진 것같이 느껴지기도 했다.

면담이 끝난 후 청년에게 치료가 필요한 상태는 아니라고 설명하면서, 뭐라도 도와야겠기에 현실적인 실천 방안에 대해서 몇 가지 조언을 했다. 이때 돌아온 대답이 바로 서두의 말이었다. 덧붙여서 재빠르게 내가 제시한 대안의 문제점까지 얘기하는 것을 보면 청년은 이미 내가 그런 말을 할 것이라 예상했던 것 같았다. 지푸라기라도 잡아보려는 마음에 나를 찾아온 부모를 진료실 밖으로 배웅하면서 보니, 그들의 어깨는 확연히 축 처져 있었다. 하지만 문제의 당사자인 청년은 여유로워 보였다. '봐요, 난 아무 문제 없다니까요'라는 자신의 생각이 맞았다고 인증이라도 받은 듯했다. '아, 저것이 소위 정신승리라는 것이구나' 하고 깨닫는 순간이었다.

최근 몇 년 사이에 저런 방식으로 정신승리를 하는 젊은이들을 자주 만난다. 열심히 준비하고 있고, 완전히 준비가 되면 알아서 일을 할 테니 그때까지는 간섭하지 말고 내버려두라는 것이다. 이상은 높고, 익숙한 공부는 열심히 한다. 공부가 어느 수준에 도달해도 결과로 이어지지 않지만 그래도 그저 익숙하니까 공회전하듯이 준비라는 이름으로 공부를 하고 있을 뿐이다. 아무것도 하지 않고 있으면 불안하니까.

세상에 대한 그들의 시선은 날카롭고 정확하다. 비판적인 시각도 예리하다. 웬만해선 부모가 말싸움으로 이기기 어렵다. 컴퓨터, 스마트폰, 인터넷으로 습득한 최신 정보는 풍부하다. 그러나 막상 실천하고 있는 것은 없다. 그들의 핵심적 문제는 '아무것도 하지 않는 것'이다. 아무것도 하지 않으니 당연히 질 일도 없다. 이들의 정신승리의 기제는 '지지 않는 것'이다. 한번 붙어서 무승부나 동점이 되는 것이 아니라, 아예 승부를 겨루지 않음으로써 지지 않는 것이다. 타석에 서보지 않은 채 스윙 연습만 하는, 가능성 있는 드래프트dratf 1순위의 4번 타자다.

타석에 서서 헛스윙을 하거나 땅볼을 쳐서 아웃이 되면 부끄럽고 속상할 것이다. 그러나 그 덕분에 뭘 더 훈련해야 하는지 알 수 있게 되고, 이런 경험치가 쌓이면 실력은 결국 향상된다. 경험을 통한 성장이다. 하지만 실패가 부끄럽고 아파서 경험을 피하기만 하면 당연히 이야기는 달라진다. '이긴 것도 아니고 진 것도 아닌 상태', 가능성만 놓고 보면 이길 수도 있는 상태를 유지해 정신승리를 고수한다. 현실에서 벗어나 마음만은 편해진다.

여기에는 청소년기의 무의식적 심리 기제가 한몫한다. 20세기 중반부터 청소년기가 늘어났다. 몸의 2차성징이 나타나는 시기가 10대 초반으로 앞당겨졌지만, 뇌의 전반적 발달은 20대 중반에 완성된다고 보기 때문이다. 심리적 영역에서의 청소년기는 생물학적 청소년기와 일치하지 않고 연장된 셈이다.

1960년대 정신분석가 데이비드 엘킨드David Elkind는 청소년기 자기애의 특징을 다음 세 가지로 설명했다. 무엇이든 다 해낼 수 있을 것이라는 전능감, 그 누구와도 비교할 수 없는 자기만의 독특한 존재감, 절대 파괴되거나 다치지 않을 거라는 불멸성의 믿음이 그것이다. 이들의 독특한 정신승리는 이런 청소년기 자기애의 특성으로 이해할 수 있다.

그들은 자신이 전능하고, 어떤 위기에도 다치지 않으며, 유일무이의 독특한 존재여야 한다고 믿는다. 그러나 현실은 그렇게 녹록지 않다. 자기만의 껍질 안에 있을 때에는 그 자기애의 환상을 그대로 간직하고 있을 수 있다. 그러나 어쩌다 껍질 밖으로 나가볼까 하고 고개를 살짝 들어 세상에 코를 내미는 순간, 찬바람이 장난이 아닌 것이다. 어이쿠 하고 다시 고개를 움츠려 알 안에 머무르기만 한다.

이런 변화는 지금 젊은이들의 부모세대의 영향도 적지 않다. 진 트웬지Jean M. Twenge 캘리포니아 대학 샌디에이고 캠퍼스UCSD 심리학과 교수는 『자기중심세대Generation Me』에서 미국의 신세대를 분석했다. 그는 우울·불안증을 가진 청소년의 비율이 대공황기에 비해 현재가 다섯 배나 많다는 기묘한 통계를 제시한다.

지금의 10대는 부모의 과도한 칭찬을 받으면서도 적당한 좌절을 경험하지 못하며 자란 탓에 극대화된 유아적 자존감이 그대로 남아 있다. 결국 자기가 최고라고 생각하고 자기중심적이며 부를 숭상하고 자의식이 지나치게 강하다. 타인의 적절한 비판을 부적절한 비난으로 받아들이고 이에 강한 분노로 반응한다. 이런 유의 반응만 하면서 자기만의 환상 속에서 자족한다. 그런데도 역설적으로 내면은 불행하다. 현실이 자신이 원하는 대로 돌아가지 않고 자신이 실제 승리자가 될 수 없다는 것을 알 정도의 현실 인식 능력은 있기 때문이다.

이 상황은 고스란히 한국의 젊은 세대에도 적용될 수 있다. 미국뿐 아니라 한국의 중산층 부모 역시 아이를 위해 모든 것을 희생하면서 올인all-in해왔다. 아니 미국보다 우리나라가 더하면 더했지 못하지 않았을 것이다. 아이가 잘되는 것이 자신이 잘되는 것이라고 종교 수준으로 믿었다. 고학력 전업주부 1세대인 60년대 중반 이후에 출생한 여성들은 자기들이 공부로 성공했듯이 아이들도 그래야 한다고 여겼다. 그리고 자신의 지적 능력을 육아에 쏟아부었다. 전업주부가 하나의 전문직이 되었고, 본인의 경력 단절을 아이의 성공을 통해 보상받으려 했다. 이들 전업주부에 비해 상대적으로 정보가 부족할 수밖에 없는 일하는 엄마들은 아이에 대한 그 미안함을 물량 공세로 보완했다. 기말고사 기간에는 배달음식점이 성수기를 맞고, 아빠는 집에 최대한 늦게 들어오고, 들어오더라도 TV도 켜서는 안 된다는 것은 불문율이다. 이 정도로 모든 것을 아이를 중심으로 생활해왔다.

그런데 문제는 의외의 곳에서 발생했다. 자녀가 경쟁에서 이기기를 바라는 부모는 아이 대신 최선이라고 생각하는 모든 것을 선택해줬다. 덕분에 아이는 시행착오를 거치지 않고 더 많은 것을 가진 성인이 될 수 있었지만 결정하고 판단하는 능력을 갖출 기회를 놓쳤다. 결국 스스로 생각하지 못하고, 무엇을 결정하지도 모험하지도 못하는 어른이 되어 세상에 나갈 문앞에 서게 된 것이다. 아이를 위한다는 명분으로 했던 것들이 사실은 아이에게 독毒이 되어버린 아이러니한 상황이 연출된 것이다.

이 또한 정신승리의 원인 중 하나라 할 수 있다. 결정하지 못하니 더욱더 아무것도 하지 않게 됐다. 실패의 아픔은 반복적인 실패의 경험을 통해 완화된다. 아픔에도 일종의 면역력이 필요하다. 청소년기에 멈춘 자기애적 환상이 추구하는 정신적 완벽은 훼손을 견디지 못한다. 또, 결정능력의 부재는 선뜻 실천할 용기도 내지 못하게 한다. 결국 자아는 자기가 갖고 있는 자원 안에서 합리적 선택을 한다. '아무것도 하지 않는다'가 그것이다. 기대한 만큼 자신이 능력자가 아니라는 것을 확인하는 순간 직면하게 될 일을 어떻게든 피하고 싶다. 그걸 모두 회피하면 가능성이 무한한 존재라는 자기 이미지를 유지할 수 있으니까. "사실 내가 안 해서 그렇지 뭐든지 할 수 있어"라는 전능감만 끌어안고 있으니 마음은 평온하다. 충분한 잠재력과 가능성이 있는데 기회가 오지 않았을 뿐이라고 여긴다. 하지만 시간이 흐르고 자기애는 계속 부풀어올라서 현실과의 괴리는 감당하기 어려울 정도로 커지고 종국에는 펑 터질 것이다.

3수 끝에 대학에 입학한 한 학생은 "내가 이런 데 다닐 사람이 아니에요. 수준이 낮아서 같이 못 다니겠어요. 차라리 수능을 다시 볼래요"라고 말했다. 실제 수준차가 나는 것이 아니었다. 이 정도 학교라면 쉽게 전액 장학금을 받는 최우등생이 될 줄 알았는데, 현실은 중간도 겨우겨우 해낸다는 것을 발견한 충격에서 나온 반응이다. 이런 방식의 정신승리는 그래서 위험하다. 자기애는 본인이 완벽하기를 원하지만 현실은 매번 그렇지 않다는 것을 알려준다. 그러면서 어른이 된다. 그러나 자신이 완벽하지 않다는 것을 매번 직면하고 아파할 필요는 없다. 더욱 건강한 것은 완벽할 필요가 없다는 것을 인식하는 것이기 때문이다.

이런 신종 정신승리 안에서 성인이 된 사람들이 늘어나고 있다. 현실의 타석에 서지 않으니 경험치는 늘지 않고, 마음의 체력이 강해질 기회를 얻지 못한다. 어른으로 살아가기 위해 필요한 마음의 체력은 더 강해야 하는데, 단련되지는 않고 여전히 청소년기의 전능감 환상은 지속되니 변화는 오지 않는다.

참을성의 퇴화

"한동안 귤이 안 나온대. 다른 것 먹자." "왜?" 식구들이 귤을 좋아해서 늘 귤을 챙겨 산다. 언제든 먹을 수 있는 줄로 알고 있던 귤이 나오지 않는다 하니 아이들은 이상하게 생각했다.

한국에선 제철 과일이란 말이 사라진 지 오래다. 겨울에는 귤을 먹고 봄에는 딸기 농장에 놀러가고, 여름엔 참외를 먹는 것이 제격이었는데 기술이 발달한 덕분에 어떤 과일이라도 언제든 먹을 수 있게 되었다. 편의점은 24시간 불을 밝히고, 한번 놓친 TV 프로그램은 언제든지 다시보기를 할 수 있다. 사회는 전체적으로 빠르고 편하게 욕구를 충족시키는 방향으로 발전하였다.

프로이트는 인간 정신의 성숙을 여러 가지로 정의했다. 그중 하나가 지연된 욕구 충족을 견디는 것이다. 한마디로 참을성이다. 눈앞에 당장 보이는 것을 원할 때 바로 갖는 것보다 참고 기다리면 나중에 더 큰 만족을 얻을 수 있다는 걸 깨닫는 것이 성숙이다. 미국의 심리학자

월터 미셸Walter Mischel은 4~5세의 유치원 아이들에게 마시멜로를 주면서 당장 먹으면 한 개를 주지만, 15분을 기다리면 두 개를 주겠다고 했다. 그리고 나서 각각의 선택을 한 아이들을 수년간 관찰했다. 기다렸다가 두 개를 먹은 아이들이 청소년기에 관계형성도 잘하고, 대입시험 성적도 좋으며, 만족스러운 성인기로 진입했다는 결과가 나왔다. 미셸 박사는 자제력의 중요성을 강조하면서 이는 후천적 노력으로도 키우는 것이 가능하다고 했다. 참을성을 기르는 것이 무척 중요하다는 것이다.

이는 거꾸로 보면, 인간 본성은 원래 참을성이 없고, 자기 하고 싶은 것을 당장 하고 싶어하고, 욕망을 당장 충족하려고 하는 것이 자연스럽다는 얘기이기도 하다. 쉽고 편하게 살고 싶은 게 죄악은 아니지만, 더불어 사는 사회적 삶을 위해 서로 양보하고 불편함을 견딜 줄 아는 것이 인간에게 필요한 덕목이다. 그러나 남은 그러기를 바라면서도 나는 그러고 싶지 않은 것이 인지상정이다. 그래서 그런지 모든 종교는 금욕과 인내를 중요한 가르침으로 설파한다. 학교에서도 줄을 서 기다리게 하고, 수업시간 동안 조용히 앉아 있게 하고, 시험 기간에 놀고 싶은 마음을 참고 공부하게 하는데, 이 모두는 뭉뚱그려 보면 다 참을성을 기르는 훈련이다.

20세기 들어 문명은 이런 참아야 할 것들을 없애는 방향으로 발달했다. 밤이 되면 집밖을 돌아다니기 어려웠는데 전기가 발명되면서 싼값에 야간 활동이 가능해졌다. 서울에서 부산을 가는 데 며칠이 걸렸는데, 자동차 덕분에 몇 시간이면 가고, 대륙 간 이동도 하루면 가능해졌다. 편지 한 장 주고받는 데 일주일이 걸리는 것이 당연했으나 이제는 이메일로 하루에도 수십 통을 주고받는다. 몇 시간 안에 답장이 안 오면 조바심까지 난다. 이러니 제철 음식이라는 말이 의미가 없어질 수밖에 없다. 약간의 웃돈을 주면 한여름에도 귤을 먹을 수 있다. 예전에는 밤 12시가 넘으면 먹을 걸 사기도 어려웠지만, 이젠 24시간 음식점과 편의점이 골목마다 있어서 언제 어디서나 원하는 것을 얻는다. 김밥은 소풍갈 때나 한 번씩 먹는 음식이었는데, 이제는 원하면 언제든지 먹을 수 있는 가장 값싼 스낵이 되어버렸다.

우리는 금전과 참을성을 맞바꿨다. 총알배송, 원격 진료, 우버uber나 택시 앱 등 계속 발전하고 있는 기술은 기다림과 불편함을 죄악시하고, 빠르고 편한 것을 추구하게 만들었다. 그래서 사람들은 원하는 것을 얻는 게 조금만 늦어지면 짜증부터 내게 되어버렸다. 인터넷이 느린 곳에 가면 안절부절못하고, 사흘 전에 주문한 상품이 여전히 배송 중이면 화가 난다.

하지만 알아야할 것이 있다. 기다릴 줄 알고, 불편한 것을 견디는 힘이 인간을 성숙하게 한다는 명제는 21세기에도 유효하다. 불편함을 줄이는 것은 필요하나, 지나친 편리가 어느 수준을 넘어서버리면 그건 독이 된다. 이런 불편함을 견디는 능력이 사실 마음의 체력에 있어서 '맷집'에 해당한다. 그런데 과학기술의 발달과 새로운 서비스의 출현은 모두 적은 비용만으로 이런 맷집을 가질 필요가 없게 만든다. 마치 옛날 우화 '원숭이와 여우' 같다. 꽃신을 신게 해서 원숭이의 굳은살이 배긴 발바닥을 말랑말랑하게 한 여우가 그다음부터는 원숭이에게 잣을 엄청나게 많이 따오지 않으면 꽃신을 주지 않겠다며 원숭이를 자신의 종으로 만든 이야기 말이다.

어느덧 우리는 "여기는 왜 이리 느려?"라는 말을 입에 달고 살고 있다. 느리거나 서서히 이루어지는 것, 애매한 것을 기다리고 견디는 능력이 갈수록 사라지고 있다. 그러니 쉽게 짜증을 내고, 더뎌지면 화부터 나면서 심장이 뛰기 시작한다. 비행기 출발이 지연되면 외국 공항에서 농성을 하는 사람들이 주로 한국인이라는 뉴스가 이상하지 않다. IT강국, 총알배송, 24시간 편의점이 일상에 침투한 환경변화로, 말랑말랑해진 한국인의 발바닥은 어쩔 수 없는 상황을 견디지 못하게 되어버린 것이다.

그러나 맷집은 중요한 결정을 내리기까지 마음을 지탱해주는 역할을 함으로써 후회 없는 선택을 할 수 있게 도와준다. 애매한 상황이 지속됐을 때 불안해져서 성급한 결정을 해버린다면 얼마 지나지 않아 그런 결정을 한 것을 후회하기 쉽다. 이렇게 쉽게 결정하고 후회를 하는 것은 어떤 결정을 내려야 하는지, 어떤 결정이 자신에게 좋은지 잘 모르기 때문에 생긴다. 사실은 차라리 어떻게든 맷집을 갖고 견디는 것이 정답이다. 꽤 많은 일은 '시간이 자연스럽게 해결'해주기 때문이다. 애매한 시간을 견디게 해주는 마음의 힘이 바로 맷집이기에 맷집은 소중하다. 하지만 세상은 맷집을 무장해제하고 본능을 자극하는 방향으로 흘러가고 있다.

너무 많이 알아도 병이다: 정보의 저주

"아는 것이 힘이다"라는 말은 이제 맞지 않는다. "아는 것이 많을수록 선택은 어렵고, 만족에서 멀어진다"가 21세기에 어울리는 명제다. 인터넷의 발달과 스마트폰의 보급은 우리가 접할 수 있는 정보의 양을 기하급수적으로 증가시켰다. 유용한 정보가 넘쳐나는데 이상하게도 정보에 짓눌려서 도리어 무엇 하나 제대로 선택하지 못하고 망설임만 늘어난다. 검색만 했을 뿐인데 지쳐버리는 일이 생기기도 한다. 도대체 왜 그런 것일까.

미국 버지니아 대학 심리학과의 티머시 윌슨Timothy D. Wilson과 캘리포니아 대학 샌타바바라 캠퍼스의 조너선 스쿨러Jonathan W. Schooler는 1991년에 선택에 대한 흥미로운 연구를 발표했다. 그들은 '잼 시식 테스트'에 참가할 마흔아홉 명의 대학생들을 모집했는데, 여기에 나온 잼은 컨슈머 리포트Consumer Report라는 잡지에 소개된 마흔다섯 개의 잼 중 다섯 개였다. 잡지에서 잼 전문가 일곱 명은 달콤함, 씁쓸함, 향 등 열여섯 가지 항목을 기준으로 잼을 평가했고, 컨슈머 리포트에는 그 순위가 실렸다. 시식 테스트에서는 그중 1, 11, 24, 32, 44등을 차지한, 각기 순위가 크게 차이나는 잼들을 골랐다. 학생들을 두 집단으로 나눠서 첫번째 집단에는 아무 생각 없이 바로 잼을 맛본 후 1~9점으로 점수를 주라고 했고, 두번째 집단에는 시식 후에 그 잼이 왜 좋았는지 이유를 적은 다음에 1~9점을 주라고 했다. 두번째 집단 피험자들에게는 자신이 내린 선택의 이유를 생각하게 한 것이다.

처음 가설은 심사숙고한 끝에 나온 결과가 전문가의 생각과 더 비슷할 것으로 보았다. 그러나 결과는 정반대였다. 직관적으로 맛을 본 학생들이 매긴 점수가 전문가의 평점과 비슷했다. 전문가도 아닌 학생들은 고민을 한다고 해서 별다르게 선택을 더 잘할 수 있는 건 아니었다. 고민을 한들 평소 맛에 대해 알고 있던 것도 별로 없는데, 도리어 섣부른 분석을 하다 불필요한 정보와 판단에 의해 맛을 제대로 판별하지 못한 것이다. 고민한다고 해도 별다른 정보가 생기지 않고, 또 갖고 있는 정보도 별로 없는 경우에는 오랜 시간 고민을 하는 것이 별 도움이 되지 않고 나아가 의사결정을 왜곡시킬 가능성마저 있다. 잼 전문가는 각각의 잼이 가진 다양한 특성을 분석해내고, 과거 잼들과 현재의 잼을 비교해서 순위를 매길 능력이 있지만 문외한인 학생들에게 심사숙고하게 한 것은 도리어 헷갈림만 선사할 뿐이었다.

현명한 결정을 내려야만 한다는 강박이 오래 고민하면 더 좋은 결론을 내릴 것이라 믿게 만들지만, 그 대상이 잘 아는 영역이 아닌 경우에는 오랜 고민이 도리어 악영향을 주는 것이다. 충분한 이해도가 있는 영역이 아니라면 많은 정보를 제공받는다고 해도 이를 소화시킬 능력이 없기 때문에 그 정보는 혼란을 증가시키는 교란변수로만 기능할 위험도 크다.

정보의 양도 중요하지만, 시간도 영향을 미친다. 암스테르담 대학의 아프 데익스테르후이스Ap Dijksterhuis 교수는 가구업체 이케아에서 구매만족도 출구조사를 하고 몇 주 후에 그 사람들을 대상으로 만족도를 다시 조사했다. 그랬더니 아무 생각 없이 충동구매를 한 사람의 만족도가 오랜 시간 고민해 구매한 사람보다 높았다. 고려할 것이 많고 고민이 길수록 도리어 실망할 만한 정보만 늘어나서 만족도가 떨어지게 된 것이다. 최선의 선택을 위해서 노력해야 하지만 여기에 들이는 노력이 어느 선을 넘어서면 그것 자체가 기회비용이 되어서 만족도를 평가하는 데 영향을 미친다. '이렇게 오래 고민해서 찾은 것인데 이것밖에 안 돼?'라는 식으로 생각하기 쉽다는 것이다. 즉 지나친 검색과 고민은 기대치는 높아지게 하고 상대적으로 만족도는 떨어뜨린다. 게다가 많이 알수록 자꾸 비교를 하게 되고 그러다보면 내가 갖고 있는 것의 가치를 점점 더 낮게 평가할 위험만 늘어난다.

실제로 필요한 정보의 양은 많지 않은데, 우리 앞에 놓인 정보는 지나치게 많아졌다. 사람들은 그것들을 선별하는 1차 작업에 너무 많은 에너지를 소모하고 있다. 그러니 뇌는 쉽게 지치고, 심사숙고 끝에 결정을 했지만 막상 그 선택에 만족하기도 어렵다. 그래서 선택을 하고 난 다음에도 여전히 검색을 한다. 자신의 선택에 대한 나쁜 평이나 부정적 의견이 나오지 않기를 바라면서, 또 자신의 선택이 옳다는 지지를 바라면서 하염없이 검색을 한다. 검색을 하고 있는 동안만큼은 다른 생각을 하지 않을 수 있고, 실제로 뭔가를 하고 있는 듯한 자기 위안과 만족감을 느낄 수 있기 때문이다. 하지만 그 시간에도 마음의 에너지는 소모되고 뇌는 더이상 정보를 받아들일 수 없는 과포화상태에 빠져 들어오는 정보를 튕겨내기를 반복할 뿐이다.

정보사회를 환영하던 우리가 어느새 정보 과잉의 덫에 걸린 형국이 된 것이다. 이럴 때 필요한 것은 '이제 그만!' '이 정도면 됐어'라는 마음의 브레이크다. 이미 우리는 충분히 많이 알고 있다. 결과에 대한 만족은 더 많은 정보를 통해 오는 것도, 오랫동안 고민한다고 오는 것도 아니다. 고민과 정보 처리를 위해 쓰는 시간과 노력 모두 비용으로 여기고, 사안에 따라 적당한 정도의 노력과 시간만 들여 마음의 경제를 흑자로 운영하려는 마음가짐을 가질 때 선택의 결과에 만족할 수 있을 것이다.

대인관계의 악순환: 의존하거나 기 빨리거나

만약 다른 나라와 통상 없이 자급자족만으로 살 수 있는 나라가 있다면 그 나라는 행운이다. 사람도 그렇다. 스스로 알아서 잘 먹고 잘 수 있고, 혼자서도 충분히 만족하며, 자존감의 원자로가 넉넉한 에너지를 마음에 무한히 보급할 수 있으면 굳이 관계라는 걸 맺을 필요가 없다. 누군가에게 기대했다가 실망하고, 마음을 열었다가 뒤통수 맞고, 칭찬을 갈구하면서 간혹 비굴한 모습을 보이기까지 하지 않아도 되니 얼마나 좋겠는가.

그러나 인간은 나 이외의 존재와 소통하고 관계를 맺고, 이를 통해 에너지를 충전하고, 서로 도움을 주고받으며 공고한 연대의 힘으로 살아간다. 그런데 간혹 마음이 약한 사람들은 이런 관계 속에서 타인에게 의존하는 경향을 보인다. 내가 결정한 것에 대한 확신이 없기 때문에 다른 사람이 "그래, 맞아. 그렇게 해"라고 확인을 해주거나 "잘하고 있네, 그대로 해"라고 지지해주거나 "힘들겠구나. 열심히 해!"라는 응원을 해주길 간절히 바란다. 타인의 지지나 응원이 사람과 어울려 살아가는 데 꼭 필요한 것임은 분명하다. 힘들고 상처받고 지쳤을 때 가까운 사람의 지지나 도움은 일종의 '정서적 품앗이'와 같은 기능을 한다. 블로그나 SNS에 힘든 상황을 넋두리했을 때 생면부지의 인터넷 친구들이 응원하는 댓글을 달아줘 눈물이 핑 돌 정도로 감동하고 세상은 살아갈 만한 곳이라며 안도하는 경험을 했다는 사람도 많다.

그러나 이건 다소 중독성이 있다. 한번 의존을 하게 되면 한없이 기대고 싶어지기 때문이다. 정신과에서 분류하는 성격장애 중에 '의존성 성격장애dependence personality disorder'란 것이 있다. 이 성격을 가진 사람은 무엇 하나 혼자서 결정하지 못한다. 옷을 살 때도 친구와 가야 하고, 밥도 같이 먹을 사람이 없으면 차라리 굶는다. 자기 확신감이 없어서 타인의 확인과 지지에 따라 움직인다. 그러다보니 대인관계에서 평등한 관계를 유지하지 못한다. 누가 나를 떠나는 것, 의지할 만한 사람이 내 근처에 없는 순간을 최악의 상황으로 여기고 어떻게든 그런 상황이 오지 않도록 애쓴다. 그러니 타인의 부적절한 부탁이나 요구를 들어줄 수밖에 없고, 동등하고 수평적인 관계를 유지하지 못하는 것이다.

나쁜 남자에게 당하면서도 계속 사귀는 여성의 경우도 이런 의존성 성격장애를 갖고 있는 것일 수 있다. 친구들이 제발 그만 만나라고 하지만 "아니야, 그래도 잘해줄 때에는 잘 해줘. 그 사람 너희가 보는 것만큼 그렇게 나쁜 사람 아니야"라고 그녀는 애써 두둔한다. 그러고는 그가 원하는 것을 다 들어주지만 결국 상처를 받는다. 누군가 옆에 있는 것이 없는 것보다 낫다고 생각하며 그 사람이 떠나지 않기를 바라는 간절한 마음이 그런 적절하지 못한 가학-피학적 관계를 유지시킨다. 결국 빨아먹을 걸 다 빨아먹고 빈껍데기만 남았다고 판단한 나쁜 남자는 "나는 너에게 어울리는 남자가 되지 못해. 미안해"라는 말도 안 되는 한마디를 남기고 떠난다. 이런 경우 '이제 남자는 질렸어. 혼자 잘 지내봐야지'라고 안도하며 다짐을 하는 것이 일반적인 수준이다. 그렇지만 이 여성은 바로 근처에서 다른 남성을 찾는다. 전만큼 나쁜 남자는 아닐지 몰라도, 이번에는 무능한 남자를 만난다. 나쁜 남자만큼 괴롭히지는 않지만, 별로 해줄 것이 없는 남자. 무능하고 삐딱하고 열등감투성이인 남자를 만나곤 한다. 대신 그는 언제든 그녀가 원할 때 나타나서 시간을 보내줄 수 있다. 왜냐고? 사회적으로 그녀에 비해서 능력이 떨어지니 시간이 많은 것이다. 여자도 그저 그가 존재해주기만을 바라니 불만이 없다. 남자는 자기가 있어주기만 해도 기뻐해주고 경제적으로 도움도 주는 여자가 사랑한다고까지 하니 좋은 일 아닌가.

그러면 해피엔딩이 되지 않겠냐고? 그렇지 않다는 것을 나의 오랜 경력에서 일관되게 관찰해왔다. 남자들은 자격지심이 있다. 이상한 열등감이 발동한다. 그래서 잘해주면 고마워하지 않고 세칭 '열폭'을 한다. 여자를 괴롭히고, 술을 마시면 자학을 하고, 화를 내고 사소한 일에 예민하게 반응한다. 예전의 나쁜 남자가 직설적으로 괴롭히는 것보다 어떤 면에서는 더 힘들다. 나쁜 남자가 식칼로 무던하게 칼부림을 했다면, 이런 남자는 면도날로 예리하게 베는 것 같은 그런 아픔을 준다. 그런데도 불구하고 여자는 남자를 떠나지 못한다. 언제든지 존재한다는 것은 그 무엇과도 바꿀 수 없는 장점이고, 또 자기가 잘해주는한은 이 남자도 떠나지 않을 것이라 여자는 믿기 때문이다. 그래서 힘든 관계가 이어지고는 한다.

어이없을지 모르지만, 이렇게 의존성 인격을 가진 사람은 외부에서끊임없이 마음의 에너지가 급유되지 않으면 돌아가지 않는 엔진을 갖고 있다. 마치 기름 한 방울 안 나는 대한민국 경제가 유가의 변동에따라 출렁출렁하는 것과 같다.

의존성 성격장애 수준은 아니더라도 이와 유사한 성향은 많이 관찰된다. 자신의 판단이나 생각에 확신이 없는 사람, 세칭 '자존감'이 낮은 사람은 나를 중심으로 판단하기보다 타인이 나를 보는 판단에 의존한다. 자기가 직접 좌표를 설정해서 항해를 하기보다 밖에서 보이는불빛에 의존해서 움직이는 조각배와 같다.

이런 성향이 강한 사람일수록 다른 사람의 사소하고 자잘한 제스처에 민감하게 반응하고 이를 의미 있는 신호로 인식한다. "점심 같이 먹으러 갈래?"라고 동료에게 별 생각 없이 물어봤는데, "아니, 오늘은 다른 약속이 있어서. 미안"이라는 대답을 들으면 그런가보다 하고 무던하게 넘어가지 못한다. '혹시 내가 뭘 잘못한 게 있었나?' '며칠 전 회의 시간에 내가 저 친구의 의견을 반박해서 화가 났나?'라는 식으로곰곰이 생각하고 답이 나올 때까지, 혹은 다음날 그 동료랑 밥을 먹게 될 때까지 고민을 멈추지 않는다.

이러니 사는 게 힘들다. 레이더의 감도를 한껏 높여 사람들의 동정을 살피고, 나와 행여 관련이 있는 일이 일어나는지 보기 바쁘니 에너지가 많이 든다. 무시하고 넘어가도 될 정보도 의미 있는 것으로 받아들여 해석을 하니 낭비가 이만저만이 아니다. 그래서 쉽게 지치고, 유연성이 떨어진다. 체력을 비축할 여유가 없다. 타인에게 칭찬을 받고 좋은 피드백을 바라는 마음이 가득하면서도 이런 식으로 경계를 하는 것은 '남이 나를 좋아해주겠지'라는 마음보다는 '누가 나를 미워할지 몰라' 하는 긴장과 불안이 그 마음의 중심에 있기 때문이다. 그러면 외부에서 급유가 되기를 바라면서 한껏 외부에 의존하지만 도리어 내 안에 남는 것은 없고 기가 빨리기만 하는 역설적인 상황에 처하게 된다.

이런 '기빨림'의 상태에서 벗어나기 위해 필요한 것은 '미움받을 용기'다. 이런 상태의 사람일수록 남이 나를 미워할까봐 극도로 두려워한다. 하지만 나와 특별한 이해관계나 갈등이 없는 남이 나를 미워한다는 것은 실제로는 '내게 능력이 있다' '내가 뭔가 남들이 부러워할 만한 것을 갖고 있다'는 반증으로 볼 수도 있다. 부러워하는 마음이 미워하게 만들고 "네가 뭔데 저런 걸 가져?"라는 시기심이 발동하게 할 수도 있는 것이다. 그러니 누가 자신을 미워하는 것에 대해 죄책감을 갖기보다 그것을 자신에 대한 자부심으로 전환하는 것이 훨씬 긍정적인 효과를 낳을 수 있다. 이것이 기시미 이치로岸見一郎가 소개한 아들러 심리학의 핵심 메시지이기도 하다.

　　　　　　　"중산층이라 할 수 있을까요. 글쎄요…… 제가 큰 욕심을 내는 건 아니에요. 엄청난 부자가 되려는 게 아니라 남들 사는 만큼 중산층으로 살아가고 싶어요. 평균 정도로 살면 되는 그런 거 있잖아요." 만나는 거의 모든 사람들이 이런 수준의 삶을 원한다고 말한다. 가구별 수입을 통계낸 중앙값을 보면 그걸 달성하고 있는 사람은 적지 않다. 그렇지만 많은 사람들이 불안해하며 자신이 중산층에서 탈락할지 모른다고 생각한다. 통계상 스스로를 중산층이라 여기는 사람들의 비율 감소는 경기 하락을 드러내는 중요한 심리적 지표다. 그러나 한편으로 한국인이 생각하는 중산층의 기준은 통계에서 말하는 객관적 지표와는 사뭇 다른 점이 있다.

- 연봉 5000만 원 이상
- 2000cc 이상의 중형차 소유
- 30평대 아파트를 빚 없이 자가 보유
- 1억 원 이상의 은행 예금
- 1년에 한 번 이상 해외여행

　　이는 인터넷에 돌아다니는 소위 중산층의 조건이다. 이 정도는 되어야 '보통' 혹은 '평균'의 삶을 살고 있다고 여길 수 있다는 것이다. 어떤 사람은 이 기준이 지나치게 물질적인 요소로만 채워져 있다고 비판하기도 하지만 많은 사람들이 공감하니 없어지지 않고 인터넷에 떠도는 것이리라. 실제로 이 정도 수준으로 생활하는 사람이 얼마나 될까? 모르긴 몰라도 대한민국 상위 10퍼센트는 되어야 가능하지 않을까 싶다. 그럼에도 불구하고 사람들이 이 정도를 중산층이라고 믿는 것은 그 정도가 되어야 불안하지 않다고 생각하기 때문 아닐까.

상류층, 중산층, 하류층은 총소득, 자산수준, 문화적 향유능력 등 다양한 기준을 이용해서 분류한다. 나는 이들 기준이 모두 심리적 측면에서 '마음의 여유'라는 말과 통한다고 생각한다. 먼저 '내가 상류층이다'는 '먹고사는 것이 가능하고 원하면 남을 도울 수 있는 능력과 여유가 있다'고 여기는 경우다. 즉, 남아서 남을 도울 수 있는 정도. 그다음 중산층은 '남을 도울 능력은 안 되나, 먹고사는 것의 기본 사이클은 돌릴 자립능력이 있다'고 자인하는 정도다. 마지막으로 하류층은 '혼자 자립할 능력이 안 되어 사회나 타인의 도움을 받아야 생활 유지가 된다'고 여기는 수준이다. 그래서 중산층을 사회의 허리라고 보고 주요 계층으로 여긴다.

그런데 우리 사회는 언제 어디서 무슨 일을 겪을지 알 수 없고, 원치 않는 사건을 몇 번 겪고 나면 순식간에 남의 도움을 받을 처지가 될지 모른다는 불안감이 만연해 있기에 중산층의 기준치를 한껏 높여놓을 수밖에 없었다. 그 정도는 되어야 몇 번 힘든 일이 있더라도 무너지지 않고 버텨낼 수 있다는 걸 지난 십수 년간 주변 사람들의 부침을 보면서 학습한 것이다. 하지만 그 정도의 경제적 성취는 요원하고 이루기 힘들다. 사회 전반의 경제적 수준이 올라가고 개인 각자가 열심히 벌고, 아끼고, 욕망을 참고 버틴다 해도 어렵다. 그러니 우울감이 만연해질 수밖에.

정신분석가 비브링Edward Bibring은 우울증의 정신역동적 원인을 설명하면서 자아가 되고 싶은 이상적 수준ego-ideal과 현실의 격차가 너무 커서 그 사이를 도저히 메울 수 없음을 알게 될 때 개인은 우울증에 빠지게 된다고 했다. 이렇게 우울해져가면서까지 보통 또는 평균이 되려고 애를 쓰는 건 그래야 겨우 '나와 내 가족은 안전하다'고 느낄 수 있기 때문이다.

서양 사람들은 각자 개성을 추구하면서도 잘 살아가는 것 같은데 한국인들은 왜 이토록 평균은 되어야 한다는 의식이 강한 것일까? 이를 이해하는 데 도움이 될 연구가 있다. 서양인과 동양인을 대상으로 한 어느 연구에서, 실험 참가자들을 임의로 두 그룹으로 나누어 한쪽 그룹에는 테스트 결과가 평균보다 좋다고 하고, 다른 그룹에는 평균보다 낮다고 했다. 동양인은 자신이 평균보다 잘했다는 사실을 알게 되자 더이상 열심히 하지 않았다. 하지만 못했다는 평가를 받은 경우에는 안 풀어도 되는 여분의 문제까지 열심히 풀었다. 남들만큼 못했다는 것이 큰 자극을 준 것이다.

그런데 서양인은 반대였다. 잘했다는 칭찬을 들을 때 더 열심히 하는 경향을 보인 것이다. 이 연구는 한국인을 비롯한 동양인이 갖고 있는 행동의 주요 동기가 평균에서 벗어나지 않으려는 마음임을 시사한다. 내가 혼자 설정한 개인의 목표치를 달성하는 것보다 주변과 비교해서 평균에 속하거나, 평균보다는 나아야 한다는 긴장이 더 강한 동기를 부여한다. 군대 가는 아들에게 대부분의 아버지는 이렇게 말한다. "딱 중간만 해라. 그래야 안전하다."

세렝게티 초원에서 사자 무리가 임팔라나 물소 떼를 쫓는 〈동물의 왕국〉의 장면을 본 적이 있는가? 그때 먹잇감이 되는 동물들은 크게 원을 그려 사자가 달려들지 못하게 막으면서 도망을 가는데, 결국 무리에 합류하지 못하고 사자의 먹이가 되는 동물은 약한 새끼거나 노쇠하고 병든 개체다. 마치 이 임팔라나 물소처럼 인간의 유전자 안에도 먼 옛날부터 경험적으로 터득되어 각인된 '중간에 끼어 있어야 죽지 않는다'는 정보가 평균에 대한 집착으로 작동하고 있는 것은 아닐까. 평균을 추구하면 안정감을 가질 수 있을지도 모른다. 하지만 모두가 비슷하게 평균에 도달하면 문제가 생긴다. 조금 방심하다가는 평균 이하가 되고, 그렇게 조금만 지나면 평균 언저리에서 아주 멀찍이 밀려날 가능성도 생기기 때문이다.

한편으론 집단의 평균이 올라가면 개인의 안정감에도 변화가 생긴다. 처음에는 잘 곳이 있다는 것, 끼니를 굶을 걱정이 없다는 것만으로도 기뻤다. 그러나 사회 전반의 경제 수준의 증가는 평균값의 상승을 가져오고, 결국 남과 비교하면서 비슷하게 갖고 있어야만, 혹은 조금 더 갖고 있어야만 안심을 하는 상황이 된다. 버트런드 러셀은 "거지는 백만장자를 부러워하지 않는다. 조금 더 구걸을 잘하는 다른 거지를 부러워한다"고 말한 바 있다. 영국 통계청이 2009년에 낸 '행복도에 관한 세계 데이터베이스'에 따르면 1973년의 영국 GDP를 100으로 볼 때 30여 년이 지난 2009년 영국 GDP는 200으로 두 배가 되었다. 전 국민의 생활 수준이 두 배 향상된 것이다. 그러나 삶의 만족도는 1973년과 똑같았다. 이는 우리나라도 예외가 아니다.

욕구란 심리적인 것이다. 이는 나의 성취도, 자기만족, 자존감과 연결되어 있다. '필요'가 안락한 삶을 위한 객관적이고 양적인 조건이라면, '욕구'는 주관적이고 심리적인 것으로 타인과의 관계 속에서 설정된다. 결혼을 하고 아이가 생겨 자동차를 구매하는 것이 '필요'에 의한 행위라면, 같은 평수의 아파트에 사는 나와 비슷한 연배의 직장 동료가 중형차를 타고 다니는 것을 보고 자신도 그 정도의 차를 사야겠다는 마음을 갖는 것은 '욕구'다. 처음에는 필요가 먼저다. 필요가 충족되면 불편함이 사라지지만 이후에 고요한 만족감이 가득 차는 것이 아니라 불만이 남는다. 남과 비교해 우위를 점하고, 새로운 것을 가져야 그 불만이 사라진다.

남보다 나아지려는 욕구는 어느 정도까지는 삶의 성취를 위한 동기부여가 되지만, 이 욕구가 평균과 보통의 집단에 남아 있으려는 잔류심리와 합쳐지면, 경쟁 심리의 원동력이 되어 결국 모두가 조바심을 내며 달려가는 사태가 벌어진다. 덕분에 야금야금 평균치는 올라가고, 욕구는 더이상 올라갈 곳이 없는 천장 근처까지 다다른다. 손을 내밀면 바로 닿는 그 정도까지. 어느새 사치스럽고 쓸모없는 것까지 다 갖춰야 '기본' 내지는 '보통'이 된다.

수컷 물소는 암컷에게 잘 보이기 위해 크고 멋진 뿔을 갖는 방향으로 진화했다고 한다. 큰 뿔을 가질수록 암컷과 짝짓기를 할 확률이 올라간다는 것이다. 그러나 큰 뿔을 갖는 방향으로 진화하다보니 물소의 체형으로는 감당할 수 없을 지경으로 목을 가누며 제대로 서 있기도 힘든 상태에 이르게 되었다. 결국 그런 큰 뿔을 가진 물소는 도리어 쉽게 눈에 띄어 천적의 타깃이 되고 만다. 진화가 맹목적으로 한쪽 방향으로만 이뤄지는 경우 발생하는 전형적인 문제점이다.

이것은 평균 및 보통에 대한 강박 때문에 그 안에 머무르기 위해 남과 끝없이 비교하면서 더 우월해지기 위해 노력하지만 한계에 다다르고 만 상황을 비유한 우화일 수 있다. '아, 이제 보통은 되는구나' 하고 안심할 수 있는 순간은 오지 않는다. 보통이 되었다고 해도 더 크고 멋진 것과 비교하는 것에 중독되어 있기 때문에 바로 열등감을 느낄 뿐이고, 동시에 보통이 되겠다는 목표에 이미 모든 에너지를 다 소진해버려서 그 이후에 누려야 할 안온함을 즐길 여유도 없고, 일상을 유지할 힘도 남아 있지 않은 상태이기 일쑤다.

마음의 체력 저하가 불러온 후유증

━━

본게임은 시작도 하지 않았는데, 이미 지친 상태다. 별로 대단한 일을 하는 것도 아니고 그저 생존을 위한 최소한의 것들만 해내고 있는 것 같은데도 마음의 통장 잔고는 바닥을 보인다. 이런 상태가 지속되어 '번아웃burnout 증후군'을 경험하는 사람도 있을 것이다. 그 수준까지 간 경우가 아니라 하더라도 문제는 발생한다. 마음의 여유가 없는, '폭이 좁은 마음'이 되기 때문이다.

인간의 뇌에는 한계가 있다. 작업기억working memory은 우리가 작업을 할 때 일시적으로 정보를 담아두는 바구니와 같다. 만약 여러 가지 고민으로 작업기억이라는 바구니의 반을 채워버리면 다른 가능성을 충분히 열어두고 고민하고 선택하는 데 제한이 생길 수 있다. 어떤 사안에 대해 다른 가능성을 열어두고 여러 가지 생각을 하지 못하는 것이다.

더욱이 살아가면서 크고 작은 한두 번의 실패로 수세에 몰린 경험을 해본 사람은 더욱 힘들다. 요즘은 한 번의 실패가 주는 불이익이 과거에 비해 훨씬 클 뿐 아니라, 집단의 룰에 따라 내려지는 결정은 줄어들고 상대적으로 모든 것을 개인이 하나하나 결정하고 그 결과도 책임져야 하는 일이 늘어났다. 그러니 복수의 선택지를 두고 가장 합리적인 선택을 해야 하는데 이때 가장 에너지가 덜 드는, 항상 해온 방식대로만 선택을 하는 경향성이 강해진다. 다른 사람의 지적에 귀를 막고, 유연성이 떨어지는 보수적인 선택을 하는 것이다. '실패하면 끝장이다'라는 생각에 내몰리는 경우 사람은 극단적으로 신중해질 수밖에 없다. 그 결과 누구도 커다란 모험을 하지 않게 된다.

이는 사회 전체의 활동성 위축으로 이어진다. 이렇게 위축된 사회에서는 완벽하게 준비하지 못했더라도 과감하게 한번 질러보거나, 실패의 가능성을 감안하고서라도 모험을 해볼 엄두를 내지 못한다. 판돈이 적은 사람이 도박판에서 빠져나가지 못하고 그렇다고 크게 질러보지도 못한 채 매번 게임에 참여만 하다가 결국 판돈 많은 친구에게 흘랑 당하게 되는 것과 같다.

이런 마음의 체력 저하는 현재뿐 아니라 미래에 대한 판단에도 영향을 미친다. 센딜 멀레이너선Sendhil Mullainathan과 엘다 샤퍼Eldar Shafir는 『결핍의 경제학Scarcity』에서 체력이 저하된 마음을 가진 사람은 정해진 날에 병원에 가거나, 세금 내야 하는 날을 기억하는 일 등에 쓰이는 미래 계획 기억prospective memory이 감소한 상태에 계속 머물러 있다고 했다. 미래의 다양한 가능성을 열린 마음으로 검토해야 하는데, 실현되지 않은 가능성만을 염두에 두는 애매한 상황을 견딜 여유가 없기 때문이다. 부모가 그런 상황에 처해 있다면 아이를 대하는 태도도 팍팍해진다. 경제적으로 궁핍한 상황이 지속되면 마음의 폭이 줄어든다.

복지 카드로 생계 도움을 받는 미국 가정을 분석한 한 연구에 따르면, 음식과 기타 생필품을 구입할 수 있는 쿠폰을 한 달에 한 번씩 받는데 이것이 떨어져가는 시기가 되면 아이들은 돌출 행동이 많아지고 교사에게 혼이 나는 경우가 많았다. 집에서 부모로부터 혼이 나고, 집안 분위기가 좋지 않은 것이 아이에게 고스란히 전해져 학교에서도 그대로 드러나는 것이다.

마음의 여유는 하루를 어떻게 보냈는지에 따라서도 달라진다. 1994년에 레페티R. L. Repetti가 한 공항에서 근무하는 항공관제사의 업무 강도와 귀가 후 양육 활동의 상관관계를 비교해보았다. 하늘에 떠 있는 비행기 숫자와 집에서 아이를 돌보는 활동의 질을 비교한 것인데, 비행기 수가 적어 편안하고 여유 있는 하루를 보내면 관제사는 아이들을 잘 대해주고 적당한 실수는 웃으면서 넘겼다. 하지만 아주 바쁜 하루를 보내고 돌아온 날에는 자주 화를 내고, 엄격하게 아이들을 대하며, 아이들이 칭얼대며 요구하는 것을 차갑게 거절하는 경우가 많았다.

이처럼 일관된 경제적 궁핍이 아니라도 그날그날의 컨디션에 따라 마음 씀씀이가 달라지는 것은 인간의 행동이 뇌를 기반으로 하기 때문이다. 느슨함을 갖는 것은 일종의 정신적 사치라고 부를 만하다. 현대 사회에서 생존을 목적으로 살아가는 사람들에게 실수를 두려워하지 말고 넉넉한 마음을 가지라는 것은 대단한 사치처럼 느껴질 수 있다. 그러나 이것은 절대적으로 필요한 사치다.

코너에 몰릴수록, 마음의 체력이 약할수록 역설적으로 매번 에너지를 끌어올리는 데 드는 비용은 증가하고, 실패할 경우 감당해야 할 부담은 커진다. 부모의 집에서 출근하는 사람과 월세를 내면서 혼자 사는 사람이 같은 직장에서 동일한 월급을 받더라도 저축을 할 수 있는 수준은 다를 수밖에 없다. 이것이 그저 경제적 문제에만 국한되지 않고, 마음 씀씀이에까지 영향을 미친다는 객관적 증거가 많다. 그래서 이들은 더 신중해지고, 각박해지고, 보수적이며 융통성 없는 판단을 내리기 쉽다. 보수적으로 적게 베팅betting하기 때문에 실패나 손해는 적다.

그러나 이런 사람은 살다보면 가끔씩 찾아오는 큰 보상이 뒤따르는 모험에 참여할 기회를 갖지 못하고, 인생의 커다란 전환점을 얻을 기회 역시 갖지 못한다. 그래서 자신이 가진 잠재력과 보이지 않지만 가지고 있을지 모르는 성장 가능성을 발휘하지 못한 채 하루하루를 소모당한다고 느끼면서 지낸다. 스스로의 삶을 통제하거나 예측하지 못하고, 주도적으로 선택하지 못한 채 흘러가듯이 '살아진다'는 인식은 마음 에너지를 급속히 방전시킨다. 이는 자신의 삶에 좋은 피드백을 줄 기회도 감소시켜, 자아의 근력은 점점 줄어든다. 나쁜 에너지의 악순환에 빠지는 것이다.

이 악순환은 수많은 '푸어poor'를 양산해낸다. 워킹푸어, 하우스푸어, 타임푸어, 반퇴半退푸어, 스펙푸어…… 이들의 공통점은 열심히 최선을 다하지만 돌아오는 것은 '푸어'한 현실에 대한 불안과, 앞날에 대한 부정적 전망, 그로 인한 마음의 가난함이다.

가난하다고 무시하지 마: 대중의 직관

현대인은 푸어하다. 하지만 가난하다고 무시당해도 된다는 것은 아니다. 한 명 한 명은 미약한 존재일지 모르지만, '이건 아니잖아'라는 대중의 공감대가 형성되고 그에 따라 마음의 방향이 바뀌면 무력함은 전혀 다른 방향의 폭발력으로 전환될 수 있다. 그 대표적인 예가 바로 2016년 가을에서 겨울로 이어진 박근혜 게이트에 대한 분노와 광화문 촛불 집회다.

박근혜 게이트는 한 화장품 회사 사장의 전관 출신 변호사를 통한 석방 시도 실패와 소송, 그리고 이화여대 학생들의 시위와 그를 통해 밝혀진 정유라 입시 부정이 촉발점이 되어 광범위한 사회 전반의 부패와 정부의 무능, 비선 세력에 의한 비상식적인 국정 농단이 만천하에 알려지면서 시작되었다. 권력의 맛은 마약과 같다는 걸 모르는 사람은 없다. 하지만 박근혜 게이트로 촉발된 저항에서 특기할 만한 점은 이번에는 대중의 직관이 발동했다는 점이다. '이건 아니다' '선을 넘어섰다'는 느낌이 정치적 성향이 강한 소수의 목소리가 아니라 광범위한 일반 대중 각자의 목소리로 터져나왔다. 그리고 이 목소리가 공감대를 형성하고 이것이 정치적 행동으로 전환된 것이다.

1999년 도이체방크의 애널리스트 앤드루 로런스Andrew Lawrence는 100년간 분석한 사례를 바탕으로 초고층 빌딩이 마구잡이로 올라가게 되면 이는 경제위기가 닥칠 것을 예고하는 전조로 볼 수 있다는 소위 '마천루의 저주'라는 가설을 주장했다. 말레이시아 페트로나스 타워가 세계 최고 높이의 건물 기록을 찍은 1997년 아시아에 IMF 구제금융 사태 즉, 외환위기가 왔다. 2004년 대만에서는 타이베이 101이 세계 최고층 건물로 준공되었지만, 반도체 산업이 바닥을 치기 시작했다. 2009년 아랍에미리트 두바이에 부르즈 할리파가 완공되기 직전 두바이 정부는 채무불이행을 선언했다. '이 정도는 해도 되겠지'라는 욕망과 낙관적 전망으로 건설을 시작하지만 시간이 지나면서 경기는 고점을 지나 불황으로 접어들고 이 빌딩은 경기하락의 전조로만 보이는 저주스러운 상황이 된다.

존 캐스티John L. Casti가 쓴 『대중의 직관Mood Matters』에서 소개된 이 '마천루의 저주' 가설을 우리나라의 국정농단 사태에 적용해보자면, 최순실과 그 일당, 그들에게 협조한 고위 공무원과 재벌이 마천루 빌딩 짓기 경쟁을 지난 몇 년간 해온 것으로 보인다. 그리고 그 빌딩이 다 만들어지는 순간, 사람들 눈에는 숨길 수 없는 빌딩의 존재가 보이게 되고, '이건 아니잖아'라는 대중적 공감대가 형성되면서 직접 나서야겠다는 대중의 집단적 결심이 이어진다.

지금 서울에는 2009년에 짓기 시작한 롯데월드타워가 완공을 앞두고 있다. '사우론의 탑'이란 별명이 있을 정도로 서울 시내 어디서도 잘 보이는 이 어울리지 않게 거대한 빌딩은, 인허가 과정의 여러 잡음, 노동자들의 죽음과 싱크홀sinkhole의 발견 등 다양한 사건사고를 양산했다. 예사롭지 않다.

모두가 지쳐 있고 힘들어하는 상황 속에서 한쪽에서는 푸어가 양산되는 가난의 시대에 다른 한쪽에서는 세계 최고 수준의 어마어마한 건축물이 지어지고 있다. 해운대에 세워지고 있는 엘시티라는 복합건축물도 그렇다. 개인은 갈수록 미약한 존재로 느껴질 뿐이다. 비리 연루자들이 챙긴 금전적 이득은 천문학적 수준이라 실감도 나지 않는다. 참을 만한 선을 넘어섰다는 대중의 직관이 띠를 이루면서 거대한 군중으로 진화한 신호가 바로 광장에 모인 연인원 1000만 명 이상의 사람들이 낸 아우성과 연결되어있다고 생각한다. 프로이트는 조증은 우울증의 반동적 반응이라고 해석한 바 있다. 광화문의 집단적 즐거움은 심한 우울함, 분노에 대한 반동형성reaction formation의 일환이었는지 모른다.

2

마음의 밀실
고독은 좋지만 고립은 싫다!

마음의 안빈낙도

영우씨는 30대 초반의 직장 여성이다. 어릴 때부터 활달한 성격은 아니었지만 그렇다고 사회성이 없지는 않았다. 친하지 않은 사람에게 먼저 다가가거나 학급 회장을 도맡는 타입은 아니었다. 친구가 먼저 연락하지 않으면 따로 약속을 잡지도 않았다. 그래도 직장인이 되어 회사 생활 처음 몇 년 동안에는 주말에 친구를 만나

맛있는 걸 먹고 영화라도 보러 가는 게 재미있었다. 하지만 한두 해 전부터 그런 사적인 관계가 부쩍 부담스러워지기 시작했다. 터놓고 이야기하자면 인간관계를 유지하기 위해 쏟는 에너지가 아깝게 느껴졌다. 연애는 더하다. 부모님이 성화라 선 자리에는 나가지만 새로운 사람을 만나 알아가는 과정 자체에서 스트레스를 받고 그런 일들이 모두 에너지 낭비로 느껴진다. 제일 좋은 건 아무도 없는 집에서 혼자 뒹굴뒹굴하는 것이다. 전에는 그러면 왠지 시간을 낭비하는 것 같았는데 요새는 식구들이 다 나간 텅 빈 집만큼 좋은 게 없다. 회사에서 왕따도 아니고 친구가 아주 없는 것도 아닌데 좀 이상해진 게 아닌가 싶은 생각을 하기도 한다.

최근 10년 사이 부쩍 늘어난 유형이다. 이들은 집-회사-집을 오가고, 가끔 혼자 윈도쇼핑을 하고, 영화나 연극도 혼자 보러 가는 것을 좋아한다. 우울증이나 사회 공포증 환자는 절대 아니다. 그냥 혼자 지내는 것이 편하고, 어느새 그게 익숙해진 것이다. 회사에서 회식을 하면 자기 직급에 어울리게 자리를 주도할 때도 있고, 노래방에 가면 분위기를 띄울 줄도 안다. 하지만 혼자 있는 상태를 가장 좋아한다. 이들은 회사에서 생존하기 위해 자기 에너지의 90퍼센트 이상을 쓰고 있는 타입이다. 그러니 나머지 사적인 시간은 최대한 에너지 세이빙 모드로 지내고 싶다는 본능적 욕구가 생긴다.

아무리 편한 친구라도 누군가를 만나서 서로의 안부를 묻고, 그의 표정을 살피고, 대화의 흐름을 유지하기 위해 관심의 끈을 놓지 않는데에는 에너지가 든다. 게임에 참여하기 위해서는 매회 참가비를 내야 하듯이 말이다. 그러니 친구를 만나는 것조차 상대가 먼저 만나자고 하는 경우가 아닌 한 최소화한다. 애인을 만드는 것은 언감생심 꿈도 못 꾼다. 혼자 노는 것이 갈수록 편하고 좋다. 그래야 회사에서 최대한 생생한 활력을 보일 수 있으니까.

그저 중간만 가기에도 에너지가 많이 든다. 이런 사람이 드라마에 종종 나오는, 성공에 목매는 피도 눈물도 없는 류의 인간이었다면 내가 여기에 쓰지도 않았을 것이다. 그저 평범하게 회사에서 요구하는 직무를 충실히 이행하는 것을 1차 목표로 삼고 있다. 그런데도 기력을 다 뺏긴다. 먹고살 정도의 아주 작은 여분만 남겨놓은 채 다 방전시키는 것이 요새 회사 조직이다.

그러다보니 사람들은 자꾸 자기만의 밀실로 숨어들어간다. 동굴로 들어가 웅크리고 있듯이, 사회와 교신을 최대로 유지하면서 충전을 하기보다는 불필요한 연결을 끊고 더이상 에너지가 소모되지 않기를 바란다. '이런 것도 하면 좋겠네' '이래야 한다' '이랬으면 좋겠다'보다 '일단 내일을 위한 충전'이 절실한 존재가 늘어나고 있다. 어느새 혼자만의 삶, 밀실의 삶이 일상화되었고 이를 어색하게 여기지 않는 사람들이 늘어났다. 관계 맺기 방식의 변화가 뚜렷하게 보인다. 단기적 관계를 맺는 방식부터 가족 같은 장기적인 관계를 맺는 방식, 그리고 일을 하는 방식과 여가를 즐기는 방식 등에서 일어난 전방위적인 변화는 이런 '1인분으로 살아가기에도 벅찬' 현실에 적응한 결과물이다.

나의 이름을 알리고 싶지 않아

        많은 사람이 사용하는 SNS인 트위터와 페이스북의 제일 큰 차이는 실명 사용 여부다. 페이스북은 대부분 오프라인 관계를 기반으로 한다. 이에 반해 트위터는 실명보다 익명으로 활동하는 사람이 훨씬 많다. 그래서 상대적으로 자유롭고 엉뚱한 발언이 가능해서 소위 '병맛' 정서나 '루저' 정서가 활발하게 표현되기도 한다. 인터넷 동호회에 나가보면 사람들이 자신을 닉네임으로 소개하고 다른 이들도 그의 실명이나 직업, 학력에 대해 묻지 않는 경우가 많다. 그런 사적 정보에 대한 보호가 잘 이루어지는 곳일수록 사람들의 온·오프라인 양쪽의 활동이 모두 활발하다. 한국 사회의 공고한 학연, 지연, 나이로 인한 구별으로부터 자유롭고 오직 동호회 활동을 얼마나 적극적으로 하느냐로만 평가되기 때문이다. 그런 민주적인 면을 온라인의 첫번째 장점으로 꼽을 수 있다. 하지만 익명성을 유지할 수 있다는 점 역시 무시할 수 없는 요인이다.

  "A고등학교를 나와서 B대학 C학과 00학번으로 지금은 D에서 일을 합니다." 이 다섯 가지 정보의 조합만으로 한국에서 그의 모든 신상 정보가 다 드러난다. 그 조합이 알려진 한, 앞으로도 숨어 지낼 수 없다. 좋은 일이든 나쁜 일이든. 찾으려고 마음만 먹으면 며칠 안에 연락할 수 있다. 미국만큼 나라도 크지 않고 유럽처럼 국가 간 이동이 자유롭지도 않으니 말이다. 그렇기에 자기 정보의 노출 정도는 내가 원할 때 그 관계를 끊지 못할 가능성과 정비례한다. 처음에는 빨리 친해지고 싶어서 자기 정보를 알려주고 상호 대조를 통해 친밀도를 높이려고 노력하기도 한다. 하지만 인간관계에서 몇 번 뒤통수를 맞은 적이 있거나, 이미 내가 살아가는 오프라인의 공적 사회관계, 사적인 가족관계에 지칠 만큼 지친 사람이라면, 온라인 커뮤니티의 관계가 역류하고 넘쳐 나의 오프라인 정체성에까지 영향을 미치기를 원하지 않을 것이다. 원하는 즐거움과 친밀감, 상호 교류의 만족을 얻되, 언제든지 자신이 원할 때 모든 인연을 끊고 떠날 수 있는 '디지털 노마드'로 남아 있기를 바라는 사람이 많다. 익명성 유지에 대한 집착은 오프라인 정체의 노출로 인해 온·오프 사이의 경계가 뒤죽박죽 섞이고 흐려져 에너지를 더 소모하고 싶지 않다는 '자기보존 본능'으로 볼 만한 부분이 많다.

반대로 기성세대 중에는 이런 익명성을 불편해하는 사람이 많다. 동호회 오프라인 모임에 나가면 어떻게든 상대의 실체를 알고 싶어하고, 그걸 기반으로 친해져 관계를 발전시키고 싶어한다. 그러나 젊은 세대, 또는 기성세대 중에서도 위의 시스템에 친숙한 사람들은 꽤 오랜 기간이 지날 때까지 상대의 실명이 무엇인지 어디서 뭘 하면서 사는 사람인지 물어보지 않는다. 혹시 상대가 말을 하더라도, 상대의 정보를 알게 되면 나도 가만히 있어서는 안 된다는 게 소통의 호혜주의란 걸 알기에, 일부러 자세하게 물어보지 않는다. 그래서 몇 년을 서로 알고 지냈지만 각자의 핸드폰이나 카카오톡의 연락처에는 실명이 아닌 닉네임으로 저장되어 있을 때가 많다. 결혼식이나 장례식 같은 경조사의 방명록에나 화환을 보낼 때 '지옥불 천 리 간다' 같은 닉네임을 써야 해서 난감했다는 에피소드도 들어본 적이 있다.

1인 가구의 증가: 혼밥과 원룸

━

　　　　　몇 년 전 일이다. 지인과 저녁 약속이 있었다. 금
요일 밤 강남 한복판에서 만나자는 약속을 한 것이 잘못이었다. 약속
시간이 30분 지난 뒤 아직 한강 다리도 건너지 못했다면서 미안하니
먼저 먹고 있으라는 전화를 받았다. 그렇지 않아도 빈자리 없이 꽉 찬
식당의 문가에 앉아 예약 없이 온 손님을 돌려보내는 직원들의 시선
을 받기가 민망한 터라 주문을 했다. 목도 칼칼하니 소주와 맥주를 주
문해서 먼저 한 잔을 말아 시원하게 들이켜고는 천천히 곱창을 굽기
시작했다. 익는 데 시간이 걸릴 듯해 가방에 있던 만화책을 꺼내 천천
히 읽으면서 곱창을 이리저리 뒤집었다. 혼자 낄낄거리며 만화를 보고
있는데 갑자기 사람들의 시선이 느껴졌다. 흘끗 보니 지나가는 사람들
이 웃으면서 나를 쳐다보고 가는 것이었다. 그때 확 느낌이 왔다. 나를
블로그에 곱창 사진을 찍어 올리는 '맛집 오타쿠'로 봤구나. 그렇지 않
고서야 혼자 먹을 리 없다고 생각하는 듯했다. 민망해서 핸드폰을 꺼
내 요리조리 사진 찍는 모습이라도 보여줘야 하나 고민하던 찰나 마
침 지인이 도착했다.

　　이 일이 있은 후로 고깃집에서 혼자 고기를 굽는 일은 한국 사회에
서 매우 흔치 않다는 것, 뭔가를 혼자 먹는 것은 남의 시선을 끄는 일

이라는 것을 분명히 깨닫게 되었다. 평소에 혼자 밥을 잘 먹고 다니는 편이라 몰랐는데, 사람들에게 물어보니 같이 먹을 사람이 없으면 그냥 김밥을 사다 먹거나 굶는다고 대답하는 경우가 의외로 많아서 놀랐다. 일본에 여행을 갔을 때 가장 놀랐던 것이 식당에 혼자서 밥을 먹을 수 있는 환경이 잘 조성되어 있다는 점이었다. 어느 식당이나 벽을 보고 앉아 혼자 먹을 수 있는 테이블이 있고, 고기를 구우러 가도 1인용 화로에 독서실 같은 벽이 세워져 있어서 옆자리 사람을 의식하지 않을 수 있다. 우리나라같이 '1인분은 안 됩니다. 2인분부터 주문 가능'한 찌개, 고기 메뉴가 일상인 내게는 문화충격이었다. 그랬던 한국도 이제 꽤 많이 변했다.

혼자 먹는 밥이란 뜻의 '혼밥', 여기에 더해 혼자 마시는 술을 의미하는 '혼술'이라는 말까지 흔히 쓰일 정도로 혼자 먹고 마시는 것이 일상에서 자주 볼 수 있는 일이 된 것이다. 기사식당이 아니어도 혼자 밥을 먹을 수 있도록 세팅이 되어 있는 곳이 차차 늘고 있고 인터넷에서는 '어디까지 혼자 먹어봤는가'로 혼밥의 내공을 평가하는 사람도 많다. 올린 인증샷으로 그 사람의 혼밥 먹기 내공을 인정하는데, 기사식당이나 학생식당에서 햄버거 프랜차이즈 식당 정도까지는 초급이고, 그 위로 고깃집에서 고기 굽기, 레스토랑에서 코스 요리 먹기 등이 있다.

10년 전만 해도 이런 행동은 '왕따의 전형적 행동'으로 평가할 만한 것이었다. 실제로 지금도 중고생이 우울증을 겪거나 등교 거부 같은 행동을 한 연유로 나를 찾아오면 나는 그들에게 급식을 같이 먹을 친구가 있는가를 제일 먼저 물어본다. 그런데 요새는 혼자 밥 먹는 걸 아무도 '병적 징후'로 보지 않는다. 일상의 한 영역이 되었기 때문이다. 사람들과 어울려서 얘기하면서 점심을 먹고 커피를 마시는 것보다 혼자 후딱 밥을 먹고 운동을 하거나, 산책을 하는 것을 선택하는 사람들이 늘어났다. 그게 경제적인 부분에서도 많은 도움이 되고, 무엇보다 인간관계에 드는 에너지를 최소화할 수 있기 때문이다.

최근 밝혀진 바에 따르면 박근혜 대통령은 관저에 머무르는 시간이 많고, 대부분 혼자 TV를 보면서 식사를 했다고 한다. 혼밥의 아이콘이 아닐 수 없다. 정치인인 대통령이 혼밥을 해왔다는 것은 일반적으로는 이해하기 어려운 면이 있지만 그녀만의 독특한 취향이라고 인정해보려 한다.

하지만 혼밥의 부정적인 면도 있다. 대화로 일상을 나누거나, 저녁에 가볍게 한잔하면서 이런저런 이야기를 하는 것이 익숙하지 않다보니, 중요한 개인적 문제를 의논할 상황이 닥쳤을 때 함께할 상대가 없다는 것이다. 밥을 먹는 것은 혈당을 높이기 위한 일만은 아니고, 휴식인 동시에 사회적 관계를 맺는 비공식적 방법 중 하나다. 혼자서 생활하는 것이 일상이 되어버리면 경제적, 시간적으로는 효율적일지 모르나 잃는 것도 생긴다. 소소한 일상을 타인과 의논하고 다른 사람의 이야기를 들으며 간접경험을 축적하기가 어려워진다.

인류학자들에 따르면, 원시공동체 시대의 전 세계 모든 문화에서 동일하게 발견되는 것은 부족이 함께 밥을 먹었다는 것이다. 자원이 항상 조금씩은 모자라기 때문에 최소한 굶어 죽는 사람은 없어야 한다는 합의 아래 모두가 같이 나눠먹었다. 그렇게 해서 공동체 전체의 생존률이 올라갈 수 있었다. 수만 년의 전통과 풍습은 인간을 집단 안에 머무르게 하고, 동물적 본능보다 이타적 행위를 우선시하도록 했다. 밥을 굶지 않을 수 있다는 것은 본능을 이기게 한 강력한 유인이 되었을 것이다. 인류는 밥을 나눠먹는 행위를 접착제 삼아 파편적 인간이 아닌 사회적 인간으로 살아가며 더 강한 애착과 결속력을 형성함으로써 지금의 문명을 만들었다. 이런 문화적 맥락은 한국에서도 찾을 수 있다. 흔히 우리는 가족을 식구라고도 하는데, 식구食口는 '밥을 먹는 입' 즉, 함께 밥을 먹는 사이란 의미다.

이젠 인류사에서 유례가 없을 정도로 물자가 풍요로워져 더이상 서로 나눠먹거나 다른 사람의 식사를 챙길 필요가 점점 없어졌다. 혼밥이라는 새로운 문화가 일상화됐지만, 역설적이게도 굶는 사람 또한 증가했다. 아무도 다른 이가 밥을 먹는지 굶는지 살피지 않는 사회가 되었다. "밥은 먹고 다니냐?" "식사하셨어요?"는 의례적 인사말이 아니라, 상대의 안녕을 염려하며 묻는 질문으로 불과 수십 년 전까지 사용해왔는데 말이다.

이렇게 혼밥 문화가 정착하고, 동시에 대학이 학부제로 개편되면서 또다른 문제가 생겼다. 이전엔 대학에 들어가면 같은 과 친구들끼리 강의를 듣고 나서 공강 시간에 떠들고, 밥을 같이 먹으면서 친해졌다. 동아리에 가입을 하면 선배들이 사주는 밥을 얻어먹는 재미도 쏠쏠했다. 그런데 이제 수십 명 단위의 학과가 아닌 수백 명 단위의 학부로 묶여 학생들이 소속감을 느낄 기회가 줄어들었다. 과 친구라는 개념이 없으니 사람들과 어울릴 기회를 얻지 못한 학생이 생긴다.

예전에 어떤 학생이 나를 찾아왔다. 이 학생은 삼수를 했지만 원하던 학교에 들어가지 못하고 현재 다니는 대학에 입학했다. 자기가 들인 노력을 생각해보면 안타깝고, 또 수능을 처음 봤을 때 이미 지금의 학교는 당연히 들어올 수 있는 정도였다고 생각하니 분통이 터졌다. 그러니 동급생들이 자기보다 수준이 낮아 보이고 어울릴 마음이 들지 않았다. 동아리에 들지도 않고, 수업만 듣고 혼자 밥을 먹으면서 지냈다. 공부도 만만치 않아서 이 정도 학교라면 자기가 당연히 전액 장학금을 받을 줄 알았는데 중간고사를 보고 나니 그렇지도 않다는 것이 밝혀졌다. 학생은 크게 낙담해 확 우울해져서 자취방에 틀어박혔다. 기숙사에서 지냈다면 룸메이트나 동문 선후배가 챙겼을 것이다. 그러나 이런 학생일수록 자취를 하는 경우가 많아 아무도 그가 무엇을 하고 다니는지 알 수 없었다. 요새는 얼굴이 보이지 않으면 수능 준비를 다시 한다고 여겨 애써 찾지 않는 분위기도 한몫했다. 그가 기말고사에 모두 결시하자 조교가 자취방으로 그를 찾아갔고, 거기서 창문을 모두 닫은 채 편의점 음식만 먹으면서 인터넷만 보고 있던 그를 발견하고 내게 데려온 것이다. 우울증이 꽤 심하게 진행되어 있는 상태였다. 이런 학생들을 근래에 많이 만난다. 혼밥을 당연시 하면서 생기는 가장 어두운 사례라 할 만하다.

혼밥은 여러모로 편리한 면이 많다. 하지만 오랜 기간 원룸 생활을 하며 혼밥을 먹는 '1인분의 삶'이 장기화될 때 인간에게 꼭 필요한 정신 기능의 쇠퇴를 피할 수 없다. "눈치가 좋으면 절에 가서도 새우젓을 얻어먹는다"는 우리 속담이 있다. 한 사원이 공휴일 사이에 긴 월요일에 휴가를 신청했다. 결재를 해줘야 할 부장은 마침 간부 회의에서 실적이 떨어진다는 질책을 듣고 온 참이었다. "이렇게 휴가를 내면 나흘이 되는군. 어디 멀리 가나보지?" "그런 건 아니고, 산에나 좀 갔다 오려고요." "그 주에 있는 박람회 참석은 어떻게 처리하지?" "아, 그건 제 담당이긴 한데, 이번만은 인턴 사원에게 부탁했어요. 다 얘기해놓고 가겠습니다." "아…… 그래? 인턴이 뭘 안다고……? 이미 가기로 한 거면 가야겠지. 알았으니까 거기 두고 가." 부장은 사인을 하지 않고 사무실을 나간다.

이때 눈치 빠른 사람이라면 분위기 파악을 하면서 지금 사태가 어떤지 감을 잡을 것이다. 휴가를 쓸지 안 쓸지는 개인의 당연한 권리이고 선택인 것은 분명하지만, 회사의 전체적 분위기와 부장의 개인적 성향에 대한 평소의 데이터베이스가 있고 또 마침 부장의 승진이 걸린 시기라면, 인턴에게 일을 맡기고 휴가 가는 부하를 부장이 예쁘게 보지 않을 거라는 건 쉽게 파악할 수 있을 것이다. 이런 것이 눈치 혹은 맥락 파악이다.

에너지 절약을 위해 밀실에서 혼자 살다보면 이렇게 사회적 관계 속에서 맥락을 읽고 파악하고 적절하게 대응하기 위해 필요한 판단을 할 기회가 적을 수밖에 없고 결국 오랜 시간이 지나다보면 그 능력이 퇴화한다. 이에 대해 사회적 뇌 가설social brain hypothesis은 다음과 같이 설명한다. 사람들이 맺을 수 있는 관계의 경우의 수는 함께 집단을 이룬 사람 숫자(n)의 2^n이라고 한다. 그렇다면 두 명이 모였을 때는 생길 수 있는 경우의 수가 네 가지지만 세 명이 모여서 얘기를 하면 여덟 가지로 늘어나는 것이다. 집단 구성원의 숫자가 늘어날수록 인간의 뇌는 보이는 부분과 보이지 않는 부분 각각의 의미와 그 관계를 파악하고 판단하는 능력이 발전한다. 정확한 사회적 의미를 읽지 못하면 곤경에 처할 수 있다. 사회적 신호를 잘못 읽어도 마찬가지다. 이 능력이 집단 내에서의 생존 가능성을 높여주고, 더 나아가 집단 내에서의 지위를 높이는 데 부가적 역할을 한다는 것이다. 이러한 능력은 수십만 년에 걸쳐서 서서히 진화해왔고, 도시 생활을 하면서 이 능력이 잘 발달한 사람은 사회성이 좋다는 평가를 받을 수 있었다. 그런데 거꾸로 이것이 퇴화하는 사람도 있을 수 있고, 이들의 생존 가능성 역시 떨어질 것이다.

다시 박근혜 대통령의 혼밥 얘기를 하지 않을 수 없다. 그녀의 외골수 정치와 여론을 읽는 능력의 부족, 만천하에 밝혀진 팩트를 부정하는 고집, 기자회견을 하되 자기 발표만 하고 절대 기자의 질문을 받지 않는 불통 습관은 바로 이런 사회적 뇌 가설로 보면 1980년 이후 1997년 정치를 시작하기 전까지 밀폐된 곳에서 혼자 지내온 삶에서 형성되었을 것이라 여겨지는 혼밥 습관과 상당한 개연성이 있다고 볼 만한 측면이 많다.

오랜 밀실 생활로, 혹은 일시적으로 사회적 의미를 읽는 능력을 많이 사용하지 않아 이 능력이 저하된 사람은 자기 주변에서 당장 벌어지는 일에 둔감해지기 쉽다. 의도하지 않게 손해를 볼 수도 있고, 보이는 대로 이해한 내용이 실제로는 그런 의미가 아니었다는 것을 모르고 행동했다가 낭패를 볼 수도 있다. 이런 결과에서 "아, 다음부터는 센스를 높여서 맥락을 잘 파악해야겠다"는 반성적 피드백을 얻으면 좋으련만 대개 "아, 역시 나는 사람들과 어울리는 게 맞지 않아. 세상에 나가기보다 혼자 지내는 것이 알맞아"라는 판단을 강화하는 쪽으로 나아간다.

이런 부정적 판단을 먼저 하는 것은 외로움을 경험한 사람들의 뇌가 고착된 반응 패턴을 가지는 까닭이다. 이들은 외로움이나 공포와 같은 부정적인 감정을 감지하는 편도扁桃가 예민하게 반응해서 사건을 '위험한 것'으로 먼저 인식하는 경향이 있다. 이들은 사회적 위험 가능성에 더 빨리 반응하고 안전에 치중하고 자기 보호를 중요시한다. 또한 앞으로 겪게 될 실망과 좌절, 배척의 고통에서 자신을 보호하기 위해 다른 사람에게 다가가는 노력이 무의미할 뿐이라고 믿는다.

혼밥, 원룸, 고립된 삶. 오직 에너지 효율의 측면에서 보면 실용적이다. 그러나 너무 오래 지속되면 잃는 것이 많다. 지금의 젊은 세대는 사회적 뇌를 제대로 키울 기회도 없이 어른이 되는 경우가 많아서 문제는 더욱 심각해질 수 있다. 지니 와일리Genie Wiley라는 여성의 사례가 있다. 그녀는 줄곧 미국 LA에 있는 집의 작은 방에 갇혀 지내다가 1970년 열세 살이 되어서야 탈출할 수 있었다. 그후에 사회복지 시설에 맡겨져서 다시 정상적 발달을 따라가기 위해 특수교육을 받는 등의 노력을 했지만 끝내 언어와 행동이 정상적인 어른에게 적합할 정도로 성장하지 못해서 독립할 수 없었다. 너무 극단적인 예일 뿐이라고? 방향성만 놓고 보면 지니 와일리 같은 사람이 출현하는 빈도는 차차 늘어날 것이고 그보다 약하지만 비슷한 사람은 훨씬 더 많이 보게 될 날이 머지않았다.

길티 플레저, 작은 사치
―

2015년 미국 미주리주 공화당의 릭 브래틴Rick Brattin 의원이 빈곤층이 받는 푸드스탬프의 사용처를 제한하자는 법안을 발의해서 논란이 일었다. 미국 복지제도의 일환인 푸드스탬프는 매달 194달러어치 정도가 지급되며, 이는 한화로 하루 7000원 꼴인데, 2013년 기준 전체 인구의 약 15퍼센트가 수령할 정도로 대표적인 복지제도가 되었다. 브래틴 의원은 푸드스탬프는 최소한의 기초영양 섭취를 유지할 수 있게 돕는 법안인데, 일부 수령자가 스테이크나 고급 해산물을 사먹는 것과 같이 제도를 악용하는 것을 막으려 한다고 법안을 발의한 취지를 설명했다. 이에 대해 도움을 받는 당사자인 저소득층은 "그러면 만날 스팸 같은 깡통 음식과 패스트푸드만 먹어야 한다는 것인가. 우리도 맛있는 것을 먹고 싶은 욕구가 있다"고 반박했다.

사람이 밥만 먹고 살 수는 없듯이 마음의 에너지도 그렇다. 삶이 빡

빡하고 사는 게 쪼들려서 사람도 안 만나고, 밥도 혼자 먹고, 최소한의 삶만 겨우 영위하는 에너지 세이빙, 초긴축 모드로 살아가지만 가끔은 놀고 싶고 즐거움을 찾고 싶고 만족감을 얻고 싶은 것이 인간이다. 그래야 인간이다. 그렇다고 펑펑 써대면서 놀기에는 간이 작다. 그래서 현대인은 소소한 즐거움을 찾는다.

한때 젊은이들이 월급을 모아 집을 사는 것은 포기하고 대신 외제 수입차를 구매하는 일이 꽤 있었다. 하지만 최근 몇 년 사이 전 세계적으로 차를 구매하는 평균 연령이 높아졌다. 자동차 왕국 독일에서는 신차 구매 고객의 평균 연령이 2010년 50세를 돌파했고, 미국의 경우 30세 이하 신차 구매 비중이 2004년 11퍼센트에서 10년 만에 8퍼센트로 감소했다. 일본 자동차공업회에서 조사해보니 20대 청년의 운전자 비율이 1999년 16퍼센트에서 2011년에는 8퍼센트로 줄어들었다. 청년들이 운전면허조차 잘 따려 하지 않기 때문에, 자동차 회사가 운전면허를 따라는 캠페인성 광고까지 했을 정도다. 한국도 예외는 아니다. 집이 없으면 차라도 산다는 주의를 가진, 수천만 원짜리 차를 사서 유지할 여력이 있는 젊은 세대의 수가 줄어들었다. 좁은 집이 답답해서 주말에 드라이브를 하고 차를 잘 꾸미는 것이 취미라고 말하는 청년이 줄어들었다.

그들이 요새 눈을 돌린 것은 소소한 즐거움이다. 첫번째가 일하는 곳을 꾸미는 것이다. 모니터 옆에 화분을 놓고, 좋아하는 애니메이션 피규어를 놓는다. 예쁘고 구하기 힘든 문구류, 캔 화분, 자석류를 책상

위에 올려놓고 즐긴다. 기분 나쁜 일이 있을 때에는 피규어를 만지작거리면서 상상의 나래를 펴기도 한다. 인터넷에는 이런 물품을 파는 사이트가 매우 많다. 나도 매일 다양한 광고 메일을 받는데, 유일하게 바로 휴지통으로 직행시키지 않고 상품을 훑어보는 웹 사이트가 있기도 하다. 예상외로 비싼 가격의 물건도 있지만, 대부분 몇천 원부터 몇만 원 이내의 가격이어서 그저 즐거움만을 위해서 한 번쯤 '지를 수 있는' 범위의 물건들이다. 없으면 안 되는 것이 아니라, 있으면 남들이 한번쯤 "와 이거 어디서 샀어?"라고 물어볼 만한 그런 앙증맞고 기발한 용도의 물건들이 진열되어 있다.

이들을 데스크테리어desk+interior족이라고 한다. 이렇게 자기 책상을 꾸미는 이유는 단조롭고 똑같은 사무실 안에서 자기만의 개성을 표현하고 싶은 욕구가 있기 때문이다. 마치 중고생이 똑같은 교복을 입지만 치맛단을 줄이거나, 머리핀으로 멋을 내는 것과 같다. 샘 고슬링Sam Gosling은 『스눕Snoop』에서 사람들의 책상, 옷차림을 슬쩍 보는 것만으로 상대를 읽을 수 있다면서 다음과 같이 설명했다. 만일 사무실 벽에 쿠엔틴 타란티노 감독의 영화 포스터가 걸려 있다면 그 사람에게는 자신을 멋지고 근사한, 문화적으로 쿨cool한 사람으로 봐주기를 기대하는 욕구가 숨어 있다는 것이다. 이런 식으로 자기 공간을 꾸미는 것은 자기 정체성을 드러내고 반영하는 일이다. 이는 다른 사람이 나를 어떻게 봐주었으면 하는 것뿐 아니라 내가 나를 어떻게 생각하고 있는지까지 포함한 자기 이미지를 강화하는 행동이다.

사람들은 자신이 바라는 바, 긍정하는 것, 가고자 하는 방향으로 자신의 주변을 꾸미고 정돈하는 것을 좋아한다. 누가 책상에 가족사진을 올려놓았다면 이는 더 많은 시간을 가족과 함께 보내고픈 소망을 반영하는 것일 수 있다. 어떤 사람은 지난 휴가 때 사온 작은 기념품을 올려놓고 지치고 힘들 때마다 그 물건을 쳐다보면서 즐거웠던 시간을 추억하는 것으로 현실의 고통을 달랜다.

최근 뉴욕에서 인기를 끈 감자칩은 한 봉지에 만 원이 넘는다. 좋은 감자를 쓰고 간을 맞추는 데 히말라야에서 나오는 핑크 소금을 썼기 때문이다. 서울 강남의 한 백화점에 새로 입점한 마카롱 가게 앞에는 하루 종일 사람들이 줄을 서 있다. 개장한 날 4000만 원의 매출을 올렸다. 하나에 4000원이나 하는 고가의 과자지만 한 시간을 기다려 한 봉지씩 사갈 정도였다. 그 백화점은 일정 기간 새롭고 신기한 먹거리를 판매하면서 계속 주기적으로 아이템을 변경해왔다. 최근에는 대만식 카스테라를 판매하는 것을 목격했다. 역시 긴 줄이 늘어서 있었다.

그깟 과자를 그렇게 비싼 돈을 주고 사먹다니 바보 같다고, 이해할 수 없다고 할지 모른다. 그렇지만 누구보다 먼저 먹고, 사진을 찍어 인스타그램이나 페이스북에 올려서 지인들에게 자랑하고픈 욕망은 줄을 서서라도 그걸 사게 만든다. 누가 뭐라고 하건 내가 가치 있다고 여기는 것에 작은 사치를 부리는 것은 심적으로 큰 만족을 준다. 신문 인터뷰에서 한 시민은 이렇게 말했다. "한 달에 50만 원을 더 모은다고 해서 서울에서 집을 살 수 있나요. 언제 올지 모르는 날을 기다리는 것보다 한 달에 한 번 정도 남편과 여행하고 삶의 활력소를 찾는 게 중요해요." 언제 올지 모를 먼 미래를 기다리면서 차곡차곡 모아나가기에는 현실적으로 그날이 너무 멀다는 이성적이고 합리적인 판단이다. 그러니 차라리 크지 않은 작은 것, 현재의 만족에 더 천착하고자 하는 것이 현대인의 심리다.

그러나 작은 사치로 소소한 물건을 내게 선물하는 소위 '셀프 기프팅self-gifting'은 죄의식에서 온전히 자유로울 수는 없다. 그래서 나온 개념이 '길티 플레저guilty pleasure'다. 작은 사치는 즐겁고 좋지만 그 안에서 느끼는 죄의식 또한 존재한다는 것. 그러나 이를 인식하고서라도 내게 금지된 것을 허용한다는 것이 길티 플레저다. 길티 플레저는 죄책감을 느끼면서도 즐기는 것을 의미한다. 여기서 죄책감은 도덕적인 의미라기보다는, 남이 자신을 보고 유치하다고 생각할까봐 걱정하면서 다른 사람에게 들키는 것을 두려워하거나 자신이 하는 행동에 대해 스스로 '아, 내가 이러면 안 되는데……' 하는 죄책감을 갖는 심리라고 할 수 있다. 남들은 다 유치하다고 하는 막장 드라마를 혼자 깔깔거리면서 보는 것, 늦은 밤까지 야근을 하고 난 다음에 꺼내 먹는 초콜릿, 불 꺼진 집에 돌아와 TV를 보면서 인공조미료가 듬뿍 들어간 라면에 공기밥을 말아먹기, 띠동갑은 되는 어린 아이돌의 뮤직비디오에 열광하기 등등이 길티 플레저를 유발하는 것들이다.

성숙한 사람은 만족의 지연, 욕망의 억제, 이타적인 것의 추구를 지향한다. 사회화가 많이 된 사람, 사회적인 규범을 충실히 지키는 사람일수록 이런 면이 강하다. 그러나 모든 면에서 항상 완벽하게 살 수는 없다. 인간은 원래 본능에 충실한 존재이기 때문이다. 사회적 규범이 잘 훈련되어 있거나, 그 규범을 충실히 지켜야만 하는 사회적 위치에 있는 사람들일수록 이런 덕목을 지켜나가는 데에 더 많은 기초 에너지를 필요로 한다. 옷을 입는 것, 말을 하는 것 등 행동거지 하나하나를 자신의 위치에 부응하도록 행동한다. 그러나 이는 피곤할 수밖에 없다. 그렇게 살아가는 사람일수록 사실 숨통을 틔울 곳을 원한다. 작은 사치를 하거나 길티 플레저가 될 만한 나만의 즐거움을 갖고 있어야 한다. 자유로운 영혼을 가진 사람은 "길티 플레저 그게 뭔데?"라고 반문할지도 모른다. 하지만 사람들 대부분은 자신을 사회에 맞춰 살아가고 있다. 그런 면에서 길티 플레저가 필요한 사람들이 더 많다고 할 수 있다. 이 길티 플레저와 같은 소소한 즐거움을 통해 마음의 여유를 갖고 그것이 결과적으로 자신의 내적 긴장을 누그러뜨리는데 도움이 되는 것이다. 대인관계에서 괜한 갈등을 만들지도 모를 힘들고 지친 상태에서 숨통을 틔울 만한 소소한 즐거움이 없다면 긴장을 그대로 안은 채 빵빵한 풍선같이 지내다가 어디선가 누가 건드리면 뻥 하고 터질 수 있으니 말이다.

그래서 우리는 야식을 먹을 때 건강하게 우유 반 잔을 먹거나, 누룽지 반 그릇에 오이지를 먹는 게 아니라, 치맥을 먹고, 라면에 밥을 말아 먹고, 다디단 아이스크림 한 통을 통째로 다 먹는 것이다. 이런 행동은 뇌과학적 관점에서 보아도 일리가 있다. 힘든 일을 하고 나면 그것에 대해 보상을 받고 싶어진다. 미국 스탠퍼드 대학의 바바 쉬브Baba Shiv 교수와 인디애나 대학의 사샤 페도리킨Sasha Fedorikhin 교수는 한 집단에는 78과 같은 간단한 두 자리 숫자를 제시하고, 다른 한 집단에게는 일곱 자리의 복잡한 숫자를 보여주고 외우게 했다. 그후에 복도 끝까지 가서 그 숫자를 정확히 맞추면 다른 방에 들어가 카트에서 아무 음식이나 먹을 수 있게 했다. 단순한 수를 보여준 집단은 신선한 과일 샐러드를, 복잡한 수를 보여준 집단은 초콜릿 케이크를 선택하는 경우가 더 많았다. 뇌에 부하를 거는 스트레스를 준 것이 에너지를 고갈시켰고 본능적인 욕구에 저항할 힘이 남아 있지 않아서, 평소 같으면 먹지 않고 참았을 유혹에 넘어간 것이고, 더 나아가 뇌에서 칼로리 섭취로 소모된 에너지를 회복하라는 직접 명령이 내려와서 일시적으로 마음의 브레이크를 해제한 것이다.

이렇게 보면 작은 사치와 셀프 기프팅, 그리고 길티 플레저는 지친 뇌와 마음을 위로하고, 꽉 차오른 긴장을 풀어주는 소중한 기능을 하고 있다고 볼 수 있다. 그러니 너무 죄의식을 느끼고 후회하고 '의지박약아' '쓸모없는 데 돈 쓴 인간'으로 자책하지 말 일이다.

나의 길티 플레저는 무엇이냐고? 나는 늦은 밤까지 일하다 집에 돌아온 날에는, 냉장고를 뒤져 남은 고기를 굽거나 스팸을 지진다. 그리고 소주와 맥주로 폭탄주를 만들어 천천히 마시며 TV 예능 프로그램을 보거나 그날의 프로야구 하이라이트를 본다. 천국이 따로 없다.

결혼과 출산을 포기

프로이트는 성인의 중요한 심리적 과제를 '일과

사랑'이라고 했고, 에릭슨은 초기 성인기의 발달 과제를 '친밀감 대 고립감'이라고 했다. 프로이트는 사회 안에서 자신이 어떤 사람인지 결정하는 '일'을 통해 사회적 정체성을 형성하는 것을 중요한 과제로 보았다. 또 부모에게 받기만 하던 사랑이 아닌 다른 종류의 사랑으로 타인을 만나고 결혼해서 아이를 낳아 키우며 내 것을 남에게 주는 일방적 이타성을 경험하는 '사랑' 또한 매우 중요한 심리적 과제라고 했다. 에릭슨은 가족이 아닌 남과 가깝게 지내면서 얼마나 견뎌낼 수 있는지를 실험해보고 그걸 잘 해내기 위해 친밀감을 경험하고 익히는 것이 초기 성인기의 중요한 과제라고 했다. 그게 잘 되지 않으면 고립감을 느끼면서 사회로부터 소외됐다고 여기며 항상 외롭고 우울한 심리적 태도를 갖고 살 것이라고 했다.

20세기 초반에 이론을 세운 두 사람은 성인이 되면 '사랑'을 하거나, 깊은 우정을 나누면서 결혼과 육아를 하는 것이 매우 당연하다고 봤다. 더 나아가 그런 걸 해내는 것이 어른이 되기 위한 필수 과제라고 본 것이다. 아마도 당시에 육아, 결혼, 직장 문제와 관련해, 충분히 해낼 수 있는데도 불구하고 회피하거나 실패하는 사람들이 그들을 찾아와 정신분석 치료를 했던 경험이 바탕이 되었을 것이다.

20세기 초중반만 해도 30세가 넘어서 결혼하지 않거나 분명한 이유가 없이 일을 하지 않는다면 그걸 신경증 증상의 일환으로 보고 치료의 대상으로 삼았다. 그렇지만 21세기가 된 현재 우리나라를 포함한 많은 국가에서 이는 심리적 문제가 있는 일부 환자의 문제로만 볼 수 없게 된 상태다. 통계를 보면 초혼 연령은 점점 늦어져서 남녀 모두 30세가 넘은 상태이고, 40세 이상에서 한 번도 결혼한 적이 없는 사람이 4퍼센트 정도 된다. 결혼을 하더라도 아이를 낳는 것을 당연하게 생각하지 않는 사람도 늘어났다. 신생아 수는 1972년 102만 명을 정점으로 1990년대 후반 60만 명 정도로 줄어들었고, 외환위기의 여파를 맞은 2000년대 이후인 2002년생부터는 45만 명 정도를 기록하며 급격히 하향 곡선을 그렸다. 형제 없는 아이 또한 늘고 있다. 2013년 통계에 따르면 2012년에 둘째로 태어난 신생아 수는 16만 5900여 명, 셋째 이상 신생아 수는 4만 5300여 명으로, 둘째 아이 이상으로 태어난 아이는 모두 약 21만 1200명이었다. 둘째 이상 신생아 수는 1981년도만 해도 50만 명이 넘었으나 1993년 34만여 명, 2013년 21만여 명으로 급감하는 추세다. 형제관계나 형제의 정을 경험해보지 못하는 아이들이 더 많아졌다는 이야기다. 과거에는 "외동이니 사회성이 떨어지겠네요"("버릇없겠네요"의 유화적 표현) 따위의 얘기를 남의 아이를 보며 무신경하게 꺼내는 엄마들이나 압박 면접이랍시고 저런 이야기를 내뱉는 면접관들이 많았으나 지금은 최소한 그런 말을 할 분위기는 아니게 되었다는 점이 장점이라면 장점이다.

결혼이라는 행위 자체가 주는 경제적, 심리적 부담은 점점 높아지고 있다. 또 아이를 낳는 것도 어른들이야 "낳아놓으면 어떻게든 큰다"고 말하지만 그건 세상을 몰라도 너무 모르는 말씀이다. 결혼을 하고 난 후 부부가 서로 맞지 않으면 헤어지면 그만이지만 아이를 낳고 나면 두 사람이 고스란히 키워야만 한다. 사회가 양육에 도움을 주는 것은 없고, 도리어 이전 세대에 비해 '잘 키워야 한다'는 부담감은 몇 배가 된 상황이다. 출산하는 아이 수도 전보다 적으니 '애들 중 하나는 잘 크겠지'라는 확률론적 기대보다 '하나 있는 이 아이를 최선을 다해서 잘 키워보자'는 올인 심리가 더 크게 작용한다. 양육비도 점점 늘어난다. 대학 졸업까지 22년 동안 드는 양육비가 2012년 기준 평균 3억 1천만원으로 이는 1인당 GDP의 아홉 배에 달하고, 여기에 결혼 비용을 약 1억 2천만 원으로 잡고 추가해보면 4억 3천만 원, GDP의 열 배가 훌쩍 넘는다.

여성은 결혼을 하면 가사노동과 육아의 책임을 지면서 동시에 양가족의 대소사를 챙기는 일까지 떠맡게 되어 남성과 사회에서 경쟁하는 데 확연한 핸디캡을 갖게 된다. 잠시 아이를 키우기 위해 일을 쉬는 소위 '경력단절녀'가 되는 순간 사회 복귀는 어려워진다. 이와 같은 어려움을 겪는 선배들을 보고 나면 후배 여성들은 아예 결혼-육아의 트랙에 들어서려는 엄두를 내지 못한다. 2세를 낳아 나의 유전자를 후대로 잇는 재생산에 대한 욕구는 인간을 넘어서 동물, 아니 생명체 본연의 본능이다. 사마귀는 교미를 한 후 암컷에게 자기 머리를 내주고, 연어는 수천 킬로미터를 헤엄쳐 처음 떠났던 곳으로 돌아와 알을 낳고 숨을 거둔다. 어미 없이 자란 강아지도 성체가 되면 발정기를 거쳐 새끼를 낳고 적극적으로 키운다. 본능을 거스르거나 억제할 수 있는 정도로 발달한 뇌를 가진 인간만이 유일하게 결혼을 하지 않고 출산을 하지 않는 것이 경제적이고 합리적이라고 판단한다. 이렇게 유전자에 각인된 본능을 억누르게 될 정도로 주변 환경은 삭막하다.

갖고 있는 것을 기반으로 합리적 선택을 해야 할 때 사람들은 '결혼과 출산, 육아'와 같은 가족 만들기라는 큰 과업을 아예 포기하거나, 만일 결혼을 하더라도 출산은 안하고, 출산을 하더라도 한 명만 낳아 적어도 하나씩은 포기하는 배수의 진을 친다. 이런 선택을 할 만큼 결혼, 출산, 육아 비용이 과거 세대가 부담했던 규모에 비해 커졌다. 남들과 비교해서 이 정도는 해야 한다고 여기는 것을 하는 것일 뿐인데 너무 많은 돈이 들고, 나의 현재뿐 아니라 과거와 미래까지도 저당을 잡히게 한다. 과거에 번 돈을 모두 다 쏟아붓게 하고, 현재 버는 돈의 상당 비율, 미래를 위해 모아놓아야 할 돈까지도 현재의 아이 키우기에 투자된다. 그래야만 아이가 최소한 다른 아이들과 경쟁을 할 수 있는 준비가 된다.

아이를 적게 낳으니 보상심리가 작용해서인지 한 아이에게 들어가는 투자의 비중은 더 커진다. 남들 하는 만큼만 하지만 그걸 하나하나 쫓아가다보면 나의 미래는 쪼그라든다. 현재의 소소한 행복조차도 억누르고 '아이의 미래가 나의 미래'라는 생각 아래 아이에게만 투자하게 된다. 이런 삶을 살면서 허덕이는 선배나 동료를 보고 난 사람은 선뜻 결혼-출산-육아의 개미지옥에 빠지고 싶지 않다는 생각부터 들 것이 분명하다.

그런 심리가 현재 '비혼-저출산-형제 없는 아이'가 증가하는 프로세스의 심리적 핵심이다. 개인의 관점에서 보면 경제적이고 합리적인 판단이다. 소설가 마루야마 겐지는 "아이 키우는 것은 자신의 노후 보장을 위한 이기적인 행위"라고 일갈한 바 있다. 그러나 지금 여기를 사는 현대인들은 이런 형태의 노후 보장을 위한 일종의 보험을 드는 것조차도 낭비라고 받아들일 수준의 압박감을 갖고 살아가고 있는 것이다. '내가 늙은 다음에는 어떡하지?'라는 걱정보다 지금 당장의 생존을 위해 가능한 모든 비용을 줄이려고 애를 쓰고 인생의 중요한 과제들조차 포기해버리는 것이 현실이다.

그럼에도 불구하고 행복하다?
▬

유럽의 1000유로 세대, 한국의 88만원 세대는 빈부 격차가 갈수록 심해짐에 따라 자신을 '삼포 세대'로 밀어넣는 현실에 분노하고 집단 반발에 나서기도 했다. 그런 시기가 지나자 사람들의 마음은 다른 방향으로 흘렀다. 차별과 격차에 분노하지 않고 지금 이 정도의 상태에 만족하는 사람들도 생겨나기 시작했다. 일본과 한국의 젊은이들 중 현실에 만족하고 더 나아가 행복하다고 여기기까지 하는 부류가 늘어나고 있다. 2010년 일본 내각부 조사에서 20대 남성 65.9퍼센트, 20대 여성 75.2퍼센트가 "현재 생활에 만족한다"고 답했다. 이는 일본의 1960년대, 한국의 1980년대와 사뭇 다르다. 일본의 경우 1960년대 후반 20대의 삶의 만족도는 60퍼센트였고 1970년대에는 50퍼센트 수준으로 하락했다. 그러나 1990년대 후반부터 그 비율은 70퍼센트 전후로 증가했다. 현대의 일본 젊은이는 과거와 달리 자신이 행복하다고 느끼고 있다. 일본 NHK 방송문화연구소의 '일본인의 의식' 조사에서도 '지금 얼마나 행복한가'라고 대답한 사람은 1973년부터 2008년 사이에 두 배로 늘었다고 한다.

『절망의 나라의 행복한 젊은이들』을 쓴 일본의 젊은 사회학자 후루이치 노리토시古市憲壽는 현대 일본을 살아가는 젊은이들이 과거의 같은 세대보다 행복감을 더 많이 느끼는 이유는 '희망이 없기 때문'이라고 분석하며 이들을 사토리 세대さとり世代라 부른다. '득도한 세대'라는 의미다. 사람은 지금의 현실에 만족하지 못할 때 동기 부여를 받고 미래에 더 나은 삶을 살기를 바라면서 노력을 한다. 그런데 희망이 현실화될 가능성이 매우 떨어진다고 여기면 지금 현재 갖고 있는 수준 안에서 잘 지내는 것에 만족하게 된다. 처음에는 다른 사람과 비교하면서 화가 나고 짜증이 날 것이다. 그런데 비교하지 않고 자기 주변의 가까운, 비슷한 사람들과만 교류하면서 지내기 시작하면 더이상 열 받고 화나고 열등감을 느낄 이유가 없어진다. 자기들을 위한 '거창하고 멋진 미래'가 없다고 여기면 지금 행복해할 수 있다.

인터넷 미디어 미스핏츠misfits.kr의 한 기사에는 사토리 세대인 일본 젊은이와의 인터뷰가 실려있다. 그 젊은이는 기자의 100살까지 살 텐데 진짜 불안하지 않는가냐라는 질문에 "실제 불안하기도 하다. 그렇지만 지금 재밌으면 되지 않냐. 지금 저금도 안 한다"라고 답했다. 이런 현상은 한국에서도 발견할 수 있다. 조선일보는 이들을 '달관세대'라 부르고 취재를 하기도 했다.

지난해 서울 K대를 졸업한 박모(26)씨는 매일 오후 7시부터 카페와 호프집에서 서빙을 해 월 40~60만 원을 번다. 이 돈으로 가끔 SPA 브랜드 매장에서 옷을 사 입고 동네 수영장에서 월 5만 원을 내고 운동도 한다. 친구들이 대기업 입사 준비, 고시 준비를 하는 대학 4년간 그는 도서관에서 책 100여 권을 대출해 읽었다. 대학생 때부터 매일 밤 인터넷 라디오 방송도 진행하고 있다. 박씨는 "대기업에 입사한 친구들이 부럽지 않다. 부모님은 걱정하시지만 정말 알차게 살고 있다고 생각한다"라고 말했다.(2015년 2월 14일자)

현재에 만족하는 안빈낙도의 정신이다. 시간에 대한 사람의 인식을 연구해보면 젊을수록 미래지향적이고, 나이가 들수록 현재지향적인 인식을 보인다. 그래서 젊은 사람일수록 현재에 만족하지 않고 미래의 변화를 위해 노력하는 데 반해서 나이를 먹을수록 현재 일어나는 일들에 대해 긍정적으로 받아들이고 만족을 표현하는 경향이 강하다. 그런데, 최근 젊은이들의 변화는 이런 전통적이고 일반적인 시간 인식에 반하는 경향을 보인다.

이런 현상은 인지부조화 이론cognitive dissonance theory으로 설명할 수 있다. 미국의 심리학자 레온 페스팅거Leon Festinger는 1959년 다음과 같은 실험을 했다. 학생들에게 한 시간 동안 보드 위에 꽂혀 있는 말뚝을 돌리는 것과 같은 매우 지루한 일을 하도록 했다. 그리고 난 다음에 옆의 대기실로 가서 다른 사람들에게 이 일이 매우 재미있다고 말을 하면 1달러 혹은 20달러를 받을 것이라 했다. 모든 학생이 동의를 하고 대기실로 가서 대기중인 사람을 설득하기로 했다. 사실상 거짓말을 하게 된 셈인데, 1달러를 받은 대상자들이 그 지겨운 일을 훨씬 더 재미있다고 여겼다. 1달러는 거짓말을 하는 외적 보상으로 충분하지 않기 때문에 이 행동을 부조화스럽게 느꼈다. 그래서 이들은 부조화를 극복해내기 위해 이 일이 진짜로 재미있다고 실제로 믿어버리는 식으로 인지의 변화를 보인 것이다. 이에 반해 20달러를 받은 집단은 지겨운 일에 대해서 재미있다고 거짓말을 해야 하지만 20달러가 그 대가로 충분하다고(1959년임을 감안하면) 여겼기 때문에 부조화를 경험할 이유가 없었다. 결국 실제로는 재미없다는 생각을 간직하고 있을 수 있었다.

이처럼 감정과 인지 사이의 부조화가 있을 때 감정이 괴로운 것을 없애기 위해 차라리 인지를 변화시켜서 감정을 편하게 만드는 심리적 기제를 인지부조화로 설명할 수 있다. 지금 우리나라의 일부 청년들이 '나는 행복하다. 만족한다'고 여기는 것은 이런 인지부조화의 결과는 아닐까. 만약 그렇다면 그건 그만큼 청년들이 처해 있는 환경이 확고하게 결정되어 있고, 요즘 시대에 한 개인이 부딪힌다고 변화되는 것은 없다는 체념이 반영되어 있기 때문이라고 생각한다. 마치 '프로크루스테스의 침대Procrustean bed'의 상황과 같다. 그리스 신화에 나오는 프로크루스테스는 '늘이는 자' 또는 '두드려서 펴는 자'를 뜻한다. 그는 강도인데, 아테네 교외의 케피소스 강가에 살면서 지나가는 나그네를 집에 초대한다고 데려와 쇠침대에 눕히고는 침대 길이보다 다리가 짧으면 다리를 잡아 늘이고 길면 잘라버렸다. 그러다 테세우스에게 잡혀 똑같은 방식으로 죽게 된다. 이렇게 확고하게 정해진 환경에 가혹할 정도로 개인이 맞춰야 하는 상황을 빗대 '프로크루스테스의 침대' 또는 '프로크루스테스 체계Procrustean method'로 표현한다.

조금 더 나아가보자. 만일 누가 내 다리를 자르는 상황이 닥치는 게 싫다면, 아예 처음부터 미리 열심히 거기에 맞추려고 하지 않을까? 특히나 순응적으로 자라난 사람일수록 어떤 환경에든 나를 맞춰나가는 데 능숙하다. 프로이트, 프란츠 알렉산더Franz Alexander와 같은 정신분석가는 세상에 반응하는 데엔 두 가지 방식이 있다고 했다. 하나는 자기 변형적autoplastic 적응이고, 다른 하나는 환경 변형적alloplastic 적응이다. 자기 변형적 적응은 환경에 맞춰 자신을 변형시키는 것이고, 환경 변형적 적응은 자신이 바뀌기보다 환경을 적극적으로 자신에 맞춰 변화시키려고 노력하는 것이다.

원래 이 개념은 우울이나 불안으로 힘들어하는 신경증 환자를 설명하기 위해 고안한 것이다. 환경에 자신을 억지로 맞추다보니 힘들어하면서 내색도 하지 못하고, 자신이 무능하고 의지가 박약하다고 자학을 한다. 남이 나를 어떻게 보는지 신경 쓰느라 자기를 돌보지 못하면서 전전긍긍하기만 한다. 지나친 자기 변형적 적응 노력은 신경증적 불안과 우울을 낳을 수 있다는 것이다. 그런데 이 자기 변형적 노력에 인지부조화가 합체되어버렸다. 그 결과물이 사토리 세대, 달관 세대다.

지금 청년들이 잘하는 것은 '열심히 성실하게'다. 주어진 숙제를 시간 내에 잘 해내는 성실한 삶을 사는 것을 목표로 삼는 사람이 있다고 하자. 시스템에 문제를 제기하기보다 차라리 주어진 상황에 최대한 순응하고 그 안에서 성실한 삶을 사는 것이 차라리 그에게는 갈등으로 인한 고통이 적다. 그래서 사람들은 지금의 삶이 아주 좋은 것은 아니지만 그렇다고 아주 싫은 것도 아닌, 적당히 만족스러운 균형적 상황이라고 여기면서 살아가게 된다. 그것이 마음의 밀실 안으로 들어가버린 21세기 플라톤의 동굴 속 사람들의 모습이고 이들은 우리 사회에서 점점 늘어나고 있다.

2부
◉
유동하는 마음의 지형

3

마음의 패션
마음도 유행 따라 옷을 바꿔 입는다

우울증과 공황증상 하나쯤은 있어줘야 하는

정신질환에 대한 편견은 뿌리가 참 깊다. 덕분에 치료를 꼭 받아야 하는 사람들도 타인의 시선이 두려워서 치료를 받을 엄두를 내지 못한다. 거기다가 한 일간지 보도 이후 정신과를 다니면 그 기록을 대기업이 알고 있어서 취업이 안 된다는 세칭 F코드 괴담이 퍼졌다. F는 국제질병분류에서 정신질환의 앞에 붙는 알파벳이다. 우울증은 F32, 공황장애는 F41처럼 분류를 위해 사용하는 코드다. 변비는 K59인데 여기서 K는 소화기질환의 대분류 앞자리다. 그런데, 우울증으로 삼성병원에서 몇 달을 치료받은 뒤 진료기록부에 F코드로 분류된 기록이 남아 있어 삼성전자 입사에 실패했다는 얘기가 인터넷에서 신빙성 있는 얘기로 널리 퍼졌다.

진실을 말하자면 대기업은 그런 것까지 뒤질 정도로 한가하지도 않고, 취업 지원자의 개인정보를 터는 위험 부담을 질 집단도 아니다. 그럼에도 불구하고 이런 괴담 덕에 나는 진료실에서 병원 온 기록을 지워달라고 생떼를 부리는 환자나 환자의 부모를 자주 만나곤 했다. 그정도니 실제 환자가 정신과에서 치료를 받는다는 것은 엄청난 심적인 부담을 떠안고도 큰 용기를 낸 행동이다. 그런 어려움을 이해하기에 어렵게 병원 문을 두드린 사람의 용기와 그전의 망설임에 십분 공감하면서 면담을 시작하고는 한다.

그런데 몇 년 전부터 서서히 변화의 조짐이 보이기 시작했다. 몇몇 유명인이나 연예인이 "공황장애로 병원 치료를 받는 중이다"라는 자기 고백을 하기 시작한 것이다. 유명 연예인들이 과거에 치료를 받았다는 것 혹은 공연 도중에 공황발작으로 입원을 한 일 등이 뉴스에 나왔다. 사람들은 그들이 정신과 진료를 받았다는 것을 그들이 얼마나 마음이 힘들고 삶이 괴로웠는지를 이해하는 척도로 삼게 되었다. '오죽하면 공황발작이 있었을까'라고 가늠하는 것이다.

한번 물꼬를 트니 그다음은 아주 쉬워졌다. 아침 방송 게스트 초대 프로그램에 한동안 보이지 않던 연예인이 나와 "생활고로 반지하 방에 살고, 사업을 하다가 차압을 당했다. 심한 우울증으로 병원에 다녔다. 체중도 급격히 불어서 나가지 못했다"라는 이야기를 쉽게 할 수 있을 정도로 우울증이 단골 소재가 된 것이다. 이 정도 고백을 하고 나면 인터넷 연예 뉴스 란에 관련 기사가 도배되고, 잊혔던 스타가 몇 년 만에 실시간 검색 순위 1위에 오른다. 반복된 경험은 학습을 낳았고, 정신질환 진료는 유명인에서 일반인으로 퍼져나가기 시작했다. 일종의 낙수 효과다. 이제 사람들은 우울증을 치료받은 적이 있다는 누군가의 말을 들으면 정신과에 다닐 정도로 마음고생을 했다고 평가한다. 예전이면 미친 사람이나 간다고 했을 정신과 방문이 마음고생의 정도를 재는 척도가 된 것이다.

우울증과 공황장애를 겪었다는 유명인들의 고백은 고맙게도 정신과로 향하는 문턱을 낮추고, 대중이 전보다는 어렵지 않게 자신의 마음 상태를 이야기할 수 있는 분위기를 만들어주었다. 그러다보니 일부에서는 "이 세상에 우울하지 않은 사람은 없다" "우울증이나 불안함 한두 개 정도 없으면 험한 세상을 버텨내고 있다고 할 수 없다"는 인식까지 생기는 것 같다. 나에게는 그것이 우울증이나 공황장애가 현대인에게 일종의 패션처럼 여겨진다는 징후로 읽혔다.

1950년대 정신분석이 전성기였을 때, 미국 뉴욕의 상류층 파티에서는 정신분석을 받은 경험에 대해 이야기를 나누는 것이 일상적이었다. "○○ 박사에게 분석을 받으시는군요. 저는 요새 꿈 분석에 푹 빠져 있답니다"라는 말을 하는 것이 이상스러울 게 없었다. 1970년대 이후 생물정신의학이 발전하고 효과가 좋은 약이 나오면서 정신분석은 예전

같지 않게 되었다. 그러나 그전까지 사람들은 정신분석을 받는 것을 일종의 지식인이 되는 행위로 여겼으며 치료를 받는 것을 자신의 마음을 더 풍요롭게 하고 있다는 증거로 삼았다. 마치 유행과 같은 것이었다. 이와 같은 풍조는 뉴욕 출신의 영화감독 우디 앨런의 많은 작품에서 그 흔적을 찾을 수 있다.

반세기가 지난 2010년대 한국에서 우울증과 공황장애에 대해 이야기하는 것이 새로운 패션이 되고 있다. 유명 연예인만큼 성공과 실패를 오고가는 롤러코스터를 탄 듯한 삶을 사는 것도 아닌데 일반인도 우울과 불안을 일상적으로 경험하게 된 이유는 무엇일까. 그건 우울과 불안이란 이상 징후를 심심치 않게 경험할 만한 환경에서 살고 있음을 반영하는 것이다. 여기서 우울과 불안의 정체에 대해서 분명히 알고 지나갈 필요가 있다.

시간 축의 관점에서 보면 우울은 과거를, 불안은 미래를 지향한다. 우울은 지나온 시간을 돌아보며 후회와 죄책감을 갖는 경우다. 과거의 선택에 대해 곱씹고 지나치게 반성하고 자기 탓이라고 여긴다. 거기에 에너지를 낭비한다. 이에 반해 불안은 앞으로 일어날 일에 대해 긴장하고 미리 대비를 하는데 그 정도가 지나치고 비합리적으로 쉽게 자극받는 경우다. 우울과 불안 이 둘은 함께 움직이는데, 후회를 많이 하니 더 단단히 대비를 해야 한다고 여겨 심하게 방어책을 세우고 많은 준비를 하다가 적절한 수준의 긴장을 넘어서버리게 되어 불안해진다. 이 모든 과정에 바로 마음의 에너지가 소모된다. 불안과 우울의 순환

고리 안에 들어가면 마음은 쉽게 방전되는 휴대전화 배터리 같은 상태가 되기 쉽다. 우울함은 에너지가 방전된 상태, 불안은 급격한 소모로 배터리가 뜨거워진 상태에 비유할 수 있다.

이런 일이 있었다. 저녁 모임 자리에 친구 K가 들어와 앉자마자 가방에서 뭔가를 주섬주섬 꺼냈다. 선물이라도 주려나 싶었는데 휴대전화 충전기였다. 종업원을 불러서 콘센트의 위치를 물었다. 다른 친구도 생각났다는 듯이 자기 것을 꺼내 혹시 충전 서비스가 가능한지 물어보았다. 종업원은 익숙한 듯 받아 가져갔다. "빨리 신형 아이폰이 나와야지, 기다리느라 생활이 안 돼." 아이폰 옛날 기종 유저인 K는 고개를 절레절레 흔들었다. 배터리가 낡아서 오후만 되면 배터리가 반도 남지 않을 때가 많은데 교환도 안 되는 기종이기 때문이다. 외출을 할 때마다 충전기를 챙겨야 해서 가방이 무거워진단다. 어쩌다 충전기 없이 맨몸으로 나오면 불안해지고, 평소 같으면 짬이 날 때 인터넷 검색이나 SNS를 했는데 충전기가 없으면 이를 자제하고 통화도 최대한 짧게 하게 된다는 것이다. 그러다보니 이상하게 사는 게 재미없고, 위축되고, 자신감도 없어지는 것 같다고 하소연을 했다. 그렇다고 K가 요새 많이 보이는 스마트폰 중독 환자인가 하면 그건 아니었다. 그냥 빨리 약정 기간이 끝나고 새 휴대전화로 바꾸기만을 바라는 일반적인 보통 사회인이다.

나는 평소 우울증은 존재하지 않고 엄살일 뿐이며, 우울증 없는 사람은 없다고 믿던 냉소적인 그를 교화할 좋은 기회를 잡았다. "우울증은 마치 너의 오래된 휴대전화기 같은 마음의 상태야." K는 무슨 황당한 이야기인가 하는 시선으로 나를 쳐다보았다. 나는 말을 이어갔다. 우울증은 마음의 에너지가 고갈되는 병과 같다. 보통은 충전을 충분히 하면 하루 종일 사용하는 데 문제가 없다. 그러나 어떤 이유에서 배터리 성능이 떨어지게 되면 밤새 충전을 해도 금방 방전이 되어버리듯이 우울증에 걸리면 일상생활을 해나가는 것, 온전히 무언가에 집중하는 것, 흥미를 갖고 외부에 신경을 쓰면서 활력을 유지하는 것 등이 안 되는 상황이 발생한다. 마음의 에너지가 충분하지 않은 상황이 되니 일상이 위축되어 대인관계를 유지하거나 사회적 활동을 할 때 수동적이고 방어적인 태도를 취하게 되고, 비관적인 전망을 갖고 보수적인 태도로 앞날을 계획한다. 마치 K가 가급적 통화를 삼가고, 인터넷 사용을 자제하는 것같이 말이다. 더 나아가 잠을 충분히 못 자고 식욕도 떨어지는 것은 충전도 제대로 되지 않는 것과 같은 상황이라 할 수 있다.

말을 하는 도중에 보니 내 휴대전화의 배터리도 얼마 남아 있지 않았다. 나는 가방에서 보조 배터리를 꺼내서 갈아 끼웠다. 새 배터리 덕분에 100퍼센트 완전 충전이 된 느낌이었다. 이유 없이 자신감도 함께 충전된 듯한 착각도 들었다. 이게 현대인의 자화상인지 모른다. 하지만 마음은 보조 배터리로 갈아 끼울 수 없고, 쾌속 충전을 할 충전기도 없다.

그러니 우리의 뇌와 정신이 우울증 모드로 들어가 있을 때에는 오래된 휴대전화기 다루듯 더욱더 조심하고 잘 충전해서 사용하려는 노력을 해야 한다. 다행히도 마음은 원인을 찾아 교정하고, 적절한 치료를 하면 과거와 같은 생생한 상태로 돌아갈 수 있다. 사회는 사람이라는 휴대전화를 지나치게 과잉 사용하여 배터리를 쉽게 소진시켜버리고 있다. 배터리를 갈아 끼울 수도 없는 소중한 나의 마음을 잘 지키는 방법은 미리미리 사용 관리를 잘 하는 길뿐이다. 이런 얘기가 끝이 났는데도 아직 K의 전화기는 충전중이었다. 그만큼 한번 방전되면 회복도 먼 법이라고 내가 말하자, 듣기 싫었는지 K는 술병을 들어 내 잔을 채워주었다.

앞서 말했듯 에너지의 방전 현상, 절전 모드 현상이 우울증이다. 그러나 우울함이 우리 삶에 나쁜 영향만 미치는 것은 아니다. 우울증은 굉장히 정확한 현실적 객관성을 선물해준다. 우울증은 부정적인 것으로 알려져 있는데 현실적 객관성을 준다니, 언뜻 이해하기 어려운 일이다.

본래 우리는 약간은 '자뻑' 모드로 살아간다. 마이어스D.Myers의 설문 조사에 따르면 기업체 사장의 85퍼센트는 경영을 잘하고 있다고 여기고, 교수의 80퍼센트는 자신이 남들보다 강의를 잘한다고 생각하며, 비슷한 비율의 사람들이 스스로 운전을 잘한다고 평가한다고 한다. 이런 자뻑은 보호막의 역할을 한다. 주변의 비판이 자아에 침투해 비수를 꽂지 못하게 한다. '난 잘해내고 있어'라는 마음이 보호막이 된다. 그래서 심리적으로 건강한 사람일수록 조금은 비현실적으로 긍정적 착각을 하는 양상을 보인다. 이를 '긍정적 착각'이라고 한다. 왜곡된 행복감이다. 정상적 조건에서 사람들은 스스로를 과대평가하고, 실제보다 낙관적으로 앞날을 본다. 실제로 성공까지 하면 착각이 심화될 위험도 있다. 성공이 꼭 좋은 것만은 아닌 이유가 여기 있다.

그렇기 때문에 약간 우울한 상황이라고 느끼고 있을 때가 사실은 자신의 실제 객관적 현실에 가장 근접한 모습을 보고 있는 것이라고 볼 수 있다. 이보다 더 우울해본 사람이라면 현실을 볼 줄 알게 된다. 바닥을 쳤다가 올라와 회복하기까지 상당한 기간 동안 자신에 대한 객관적 평가를 내릴 수 있는 능력을 갖추게 되기 때문이다. 대표적인 예가 미국의 링컨 대통령이다. 그는 스물여섯 살에 처음으로 우울증을 심하게 앓아서 몇 년간 고생을 했고, 중년기에도 상당한 수준의 우울증을 보였단 기록이 있다. 전기를 연구한 사람들에 따르면 이런 우울증의 경험이 훗날 노예해방을 주장하게 된 공감능력을 낳았고, 남북전쟁을 결정하게 해준 냉혹한 현실주의적 능력 또한 갖추게 했다고 한다.

우울해본 사람은 그 경험 때문에 공감능력이 좋아진다. 타인의 마음을 헤아릴 줄 알게 된다. 오직 잘나기만 한 사람, 성공만 해본 사람은 자기만 알기 때문에 남의 마음을 헤아릴 이유가 없다. 또 그럴 필요가 없다고 여긴다. 그러나 위축되고, 우울하고, 자책하고, 힘들어하고 후회해본 사람은 타인의 마음에 신경을 쓴다. 그 사람의 마음에 들어가 같이 느껴봐야 한다고 여긴다. 우울증상이 있는 동안은 감정적 공감이 증가해 타인과 정서적 동일시를 강하게 느끼게 된다. 이런 강렬한 경험은 우울기가 끝나도 남아서 영속적인 정신적 자산이 된다. 즉, 일종의 정신적 습관이 만들어진다. 이를 통해 다른 사람들과 정서적 상호 의존의 그물망이 만들어지고 그것은 현실에서 더 큰 상호 의존을 통한 안전감을 만들고 키워나가려는 동기로 작동한다. 그런 면에서 약간의 우울함을 경험해보는 것은 당장은 힘들고 괴로운 일이지만 넓고 길게 보면 삶에 이익이 되는 면도 있다.

밀당, 썸, 그린라이트

"이게 밀당인가요? 하여튼 너무 힘들어요." 이성 관계의 어려움을 호소하는 젊은이들에게서 자주 듣는 하소연이다. 밀당? 먹는 건가? 처음에는 무슨 말인지 몰랐다. 찬찬히 들어보니 이런 얘기였다. 처음부터 서로 호감을 갖고 만났다. 진도대로 만남은 발전하는 것 같은데, 뭔가 문제가 생겼다고 한다. 문자 메시지를 남겨도 바로바로 답장을 하거나 전화를 주지 않는다. 하루 종일 회의중이었다, 바빴다, 휴대전화를 두고 나갔다 등등 해명은 하지만 뭔가 석연치 않다. 약속도 전과 달리 피치 못할 일로 미뤄진다. 그렇다고 거짓 같지는 않고, 또 실제로 만나면 여전히 좋은 감정이 확인되니 나를 일부러 밀어내는 것은 아닌 게 분명하다. 도대체 뭐가 뭔지 모르겠다. 지친 마음에 내가 연락을 안 하게 되면 이번에는 저쪽에서 적극적으로 다가온다. 확실한 것 하나 없는 이 애매한 상황에 마음은 애가 타고 지쳐간다.

두 사람의 관계에서 이처럼 한쪽이 능수능란하게 관계의 거리를 밀었다 당겼다가 하면서 상대방의 애를 태우고 관계의 주도권을 가져간다는 의미로 "밀당을 한다"는 말을 쓴다. 이 상황에 놓이면 견디기가 어려워 상대방에 대해 부정적인 감정을 갖게 된다. 그렇다고 확 내치지도 못하면서. 왜 이런 일이 벌어지는 것일까.

또하나 한때 유행한 말로 '썸'이 있다. 'some'을 우리식으로 발음한 것인데, 노래 가사에 나오듯이 "내 것인 듯 내 것 아닌 내 것 같은 너" 같이 아슬아슬한 상황이 유지되는 것이 '썸을 타는' 관계다. 재미있는 것은 썸에 붙는 동사가 '타다'인 것이다. '애가 탄다'처럼 뜨겁고 불안한 마음을 반영하는 동시에 '파도를 탄다'와 같이 이리저리 유동적으로 움직이는 서핑하는 마음을 절묘히 담아냈다. 이렇게 '썸을 탄다'는 말이 탄생했다. 여기에 더한 것이 '어장 관리'다. 썸을 타는 사람 여럿과 밀당을 동시다발적으로 하고 리스크 관리를 하면서 여러 가지 가능성을 두고 저글링을 하는 상태를 '어장 관리'라고 부른다. 한 사람만을 신뢰하며 만나야 하고, 헤어지더라도 교제 기간의 오버랩이 없어야 한다고 믿던 시기가 있었다. 그래서 전 애인이 다른 사람을 만나기 시작했는데, SNS를 통해서나 기타 정황 속에서 헤어지기 전에 이미 그 사람과 관계가 있었다는 증거가 발견되면 '양다리'로 매장당하는 분위기였다. 그러나 이제는 썸을 타고 여럿과 밀당하면서 어장 관리를 잘하는 사람을 능력자라고 부르는 시절이 도래한 것이다. 썸과 밀당, 어장 관리. 이 모든 단어가 일상화된 심리는 무엇인가.

사실 밀당은 없다가 생겨난 신종의 관계 맺는 방식이 아니다. 춘향이도 이도령에게 향단이를 보내 애를 태우는 식으로 밀당을 했다. 1971년 개봉한 영화 〈러브 스토리〉에서 제니가 자신에게 푹 빠진 올리버에게 "너는 어차피 졸업하고 나면 이곳을 떠날 것이고, 너희 집과 어울리는 사람과 결혼할 거잖아"라고 말하면서 더이상의 관계 진전을 막고, 래드클리프 여학생들에게 선망의 대상인 하버드 대학생이자 하키 선수인 올리버를 요샛말로 '듣보잡' 취급한 것도 전형적인 밀당이었다. 그때도 이도령과 올리버 이 두 남자는 힘들어했지만 요새처럼 밀당을 하는 상대가 미워질 정도는 아니었다. 아마도 이는 사회가 변함에 따라 관계 맺기 양상도 변해서 그런 것일 것이다.

과거에는 한 사람을 오랫동안 천천히 알아갔고, 평생 만날 수 있는 사람의 수 역시 제한적이었다면, 현대사회에는 너무나 많은 사람들을 쉽게 만나고 짧게 만났다 곧 잊어버린다. 그러다보니 '쿨함'이 대세가 되었다. 깊은 감정의 교류나 그로 인해 생기는 마음 아픔이 싫고, 그냥 적당히 서로의 존재를 인정하는 수준에서 거리를 유지하면서 각자의 개인 공간을 인정하는 것이 우선인 세상이 된 것이다. 서로의 삶에 대해 깊이 알고, 감정을 진하게 교류하면서 마음이 아픈 만큼 애정도 깊어지는 '찐한' 관계를 경험할 일이 점점 더 사라져간다.

쓰지 않는 기능은 퇴화하고 훈련되지 않은 근육은 늘어나지 않듯이, 마음도 그렇다. 어릴 때부터 관계의 아픔이나 진한 격동을 느껴보지 못한 채 자란 사람들이 어른이 되어 사랑이라는 것을 시작한다. 사랑하는 것조차 안 되는 사람들도 전보다 많아졌지만, 그래도 본능적으로 우리는 누군가를 갈구하기에 사랑을 하게 된다. 이때 정말 거의 처음으로 감정의 심한 흔들림을 느끼게 된다. 부모나 형제와의 관계에서, 또 10대 시절 친구와의 관계에서 미리 흔들려보고, 또 애를 태

워봤다면 이렇게까지 아프지 않았을 텐데, 집안에서만 자라 면역력이 없는 아이가 처음 세상으로 나오면 감기도 치명적인 질환이 되는 것과 같은 일이다. 두근거리고 애타는 마음을 즐겁게 받아들여야 할 시기인데, 밀당이라는 어찌 보면 자연스러운 관계의 저울질에 젊은이들이 마음의 급소를 강타당해 치명상이라도 입은 것마냥 느끼는 것이다. 왜 이리 아프지?

밀당의 본질은 최적의 거리를 찾는 과정이다. 우리는 누군가와 만나서 애정을 느끼게 되면 그와 최대한 가까워지고 싶은 욕망이 생긴다. 그 사람과 모든 것을 함께하고 싶고, 실시간으로 서로의 생각과 감정을 나누고 싶다. 욕망의 근원은 내가 엄마 뱃속에 들어 있을 때 경험한 원초적 관계에 있다. 명확히 기억은 안 나지만 감정적 기억에는 기록되어 있는 이 때의 관계는 모든 것이 완벽했다. 배가 고플 필요도 없었고, 춥지도 않았다. 엄마의 심장이 두근거리면 내 심장도 같이 두근거렸다. 싱크로율 100퍼센트였다. 바로 이런 상태가 우리가 지향하는 가장 완벽한 관계다. 어른이 되어 사랑이라는 것을 하며 원하게 되는 관계의 이상은 이것으로 돌아가는 것이다. 일심동체의 환상이다. 하지만 당연히 현실에서 실현될 수 없는 관계이기도 하다.

한창 좋을 때는 아주 잠깐씩 실제로 두 사람의 마음과 몸이 합체가 된 것 같은 충만감과 만족감을 느끼게 된다. 그걸 사랑이라고 믿게 된다. 하지만 곧 그것이 지속되지 못한다는 것을 깨닫고 우리는 현실의 삶에서 내가 견딜 수 있는, 그러나 다른 누구에게도 허용해보지 못한 가장 가까운 거리를 허용하는 것으로 사랑이라는 관계에 대한 타협을 보게 된다. 이상적 최선은 아니나 실현 가능한 차선이기 때문이다. 문제는 그 차선으로 내가 견딜 수 있는, 그러나 다른 남에게는 허용한 적 없는 가장 가까운 거리가 각자 모두 다르다는 점에 있다. 그래서 '썸'이 나온 것이고 최적의 거리가 어디인지, 서로가 어느 정도를 허용하고 있는지 짐작하는 능력을 익히지 못한 이들이 썸을 타면서 자신과 상대에게 맞는 최적의 거리를 찾아가는 것이다.

어떤 사람은 내 심장에서 10센티미터 안에 있어야만 사랑이라 하고, 또다른 사람은 2미터는 떨어져 있어도 충분히 가까운 관계라고 느낀다. 그래서 10센티미터의 사람은 2미터에 서운해하고, 2미터는 10센티미터와의 관계를 불편해하고 어떨 때는 위협을 느끼기도 한다. 일반적인 관계에서는 이럴 때 그만 만나거나 내가 알아서 멀찍이 거리를 두면 됐다. 그러나 내가 사랑하는 사람이라는 것이 문제의 시작이다. 이 경우에는 관계를 끊을 수 없고, 어떻게든 지속하고 더 좋아졌으면 싶다. 그래서 거리를 재는 여러 가지 노력을 해보는 것이다. 이게 밀당이다. 그리고 속도 조절도 함께 한다. 너무 빠르면 겁이 나고 느리면 불안해진다. 그 과정을 인내하면서 나는 더 튼튼해지고, 성장할 수 있다. 좋으니까 가능한 일이다.

도대체 어느 정도의 관계가 되어야 '썸'이 진짜로 연애하는 관계가 되는 것인지 알 도리가 없다. "우리 만나는 거야"라는 명시적 동의로 손을 잡는 관계가 되면 그런 것인지, 아니면 섹스라도 해야 시작한 것인지 알 수가 없는 것이다. 오리무중이다. 학원이라도 다녀야 하나 하는 생각이 들 만하다.

지금 젊은이들은 필요한 모든 것을 학원에서 배워 '배울 것이 있으면 학원에 간다'는 암묵적 방법론이 학습되어 있다. 여기에 화답한 것이 세칭 '픽업 아티스트pickup artist'다. 이전 세대가 친구나 선배 중에 잘노는 사람을 따라다니면서 배운 것들을 돈을 내고 자칭 연애 전문가에게 배우러 간다. 영화 〈건축학개론〉에서만 해도 연애 전문가를 자칭하는 납득이는 친구의 패션, 말투를 지적하고 고쳐주고, 여자와의 관계에서 애매한 부분('썸을 타고 있는지 아닌지'의 여부)을 단칼에 판정해줬다. 이걸 친구에게 맡기고 직접 부딪혀서 쪽팔려보면서 배우기보다성공 확률이 높다는 픽업 아티스트에게 수업료를 내고 배운다. 강의실에서 이론을 몇 시간 동안 배우고, 거리 실습을 나가 아무에게나 다가가서 픽업을 해보는 것으로 강의를 완성한다는 픽업 아티스트 학원의존재를 알고 나는 현재 젊은 세대의 학원 중독이 밀당과 썸을 포함한이성관계의 고충을 푸는 부분에까지 이어졌다는 사실을 확인할 수 있었다.

관계 맺기에 익숙하다고 자부하면서 살아온 사람들마저 밀당이라는 감기에 휘청이는 것은 사랑이 갖는 힘 때문이다. 나는 사랑만큼 '편하고 익숙한 삶의 태도를 변화시키는 모멘텀momentum'이 없다고 생각한다. 사랑을 하면서 우리는 한 뼘 자라난다. 그리고 관계의 면역력도생긴다. 사랑할 때보다 누군가의 필요를 처절하게 느낄 때가 또 있을까? 사랑을 경험하며 우리가 깨닫게 되는 것은, 성숙이란 의존적인 사람이 독립적인 사람이 되는 것이 아니라는 것이다. 우리가 얻는 것은 내 의존성을 적절히 다루게 되는 것이다. 또한 타인을 필요로 하는 것이 얼마나 자연스러운 것인지 이해하는 것이다. 이 모든 것이 밀당이라는 괴로운 통과의례를 거치면서 우리가 깨닫고 배워야 하는 것이다.

그런데 밀당만 여러 번 하면서 아파하기만 하고 이 본질적 핵심을 배우지 못한다면 정말 안타까운 일이 아니지 않을까. 연애가 아니라 밀당만 하고 있으면 관계성을 높이기 위해 필요한 행동은 머리로만 익혀질 뿐 절대 몸으로는 늘지 않는다. 어릴 때 학원에서 공부만 하느라고 진한 인간관계의 갈등이나, 애매한 관계의 애타는 상황을 경험해보지 못한 사람들이 이제 어른이 되어서 늦깎이로 뒤쫓아가려니 힘이 든다. 그래서 신조어를 만들고, 어릴 때와 마찬가지로 학원을 찾거나 익숙한 방송에서 복음을 얻고자 한다. 다 부질없다. 차근차근 직접 부딪히고 깨지고, 아파봐야 느끼는 것이다. 넘어지지 않고 자전거를 배운 사람은 드물지만, 만일 있다 해도 그런 사람은 나중에 마구 달리다 한 번은 크게 다친다. 겁이 없어서.

캠핑하고 오토바이 타는 아저씨들

"주말에는 캠핑하러 가는 게 재미있더라." 오랜만에 만난 동창과 소주를 한잔하다가 들었다. 이 친구는 20대부터 주당에다가 엉덩이가 무거워서 휴가를 받아도 그냥 집에서 지내면서 저녁

마다 친구들 불러내는 것으로 유명한 귀차니스트였다. 그러던 친구가 결혼을 하고 40대 중반이 되더니 갑자기 주말마다 꾸역꾸역 장비를 챙겨서 캠핑을 가는 취미가 생겼다. 놀라운 일이 아닐 수 없었다. "재미있냐? 귀찮지 않아?" "처음엔 힘들었는데, 해버릇하니까 재미있어. 짐이 점점 많아져서 한 번에 옮길 수 없어 엘리베이터를 타고 네 번은 왔다 갔다 해야 겨우 싣는데, 그래도 막상 가서 텐트 치고 딱 앉아서 맥주 한잔하면 얼마나 좋은데." 내가 알아온 이 친구는 친구들끼리 멀리 놀러가도 칫솔 하나 달랑 들고 오던 놈이었다. 그러던 그가 엘리베이터 네 번 타기를 마다하지 않게 되었다.

붐이 일어나자 캠핑 장비 시장이 엄청나게 커졌다. 오디오, 카메라, 자전거에서 캠핑 장비로 남자들의 사치 영역이 넓어졌다. 몇조 원 단위의 시장이 새롭게 열렸다고 한다. 한편으로 주말마다 고급 오토바이를 타는 사람들도 늘어났다. 가죽 재킷을 입은 중년 남성들이 수천만 원이 쉽게 넘는 고급 오토바이를 타고 일렬로 지방 국도를 달리는 모습이 이상해 보이지 않은 지 몇 년은 되었다.

오토바이를 타는 사람들, 캠핑을 즐기는 사람들, 그리고 비싼 자전거를 타고 국토 종주를 하는 사람들의 대부분은 중년 남성들이다. 어느 정도 사회적 성취를 이룬 사람들이 많았다. 그들은 일을 더 열심히 하며 더 벌기보다는 이제 자기를 위해서 살겠다고 한다. 더이상 가족을 위해서, 또 사회와 조직을 위해서 자신을 희생하고 싶지 않다고 한다. 물론 어느 정도 자기 보상의 측면도 있다. 그동안 열심히 살아왔으니 이제는 나를 위한 선물과 상을 주는 의미에서 이 정도의 사치는 괜찮다는 것이다. 하지만 더 깊은 속내에는 경쟁에 지쳤고, 더 이대로 밀고 나아가다는 죽을지 모르겠다는 무의식적 두려움이 있다.

"같이 일하던 동료가 심장마비로 급사를 했어요. 그걸 보고 나도 머지않았다는 것을 딱 알았죠." 40대 중반의 중견 회사 간부가 나를 찾아와서 한 말이다. 그는 남들만큼, 아니 남들보다 더 열심히 살아왔다고 자부할 만했다. 한눈팔지 않고 회사에서 요구하는 것을 해내왔다. 그 이상을 했기에 간부가 될 수 있었고, 곧 회사의 별인 임원이 될 가능성도 있었다. 그러던 그에게 변화의 계기가 온 것은 다름 아닌 동료의 죽음 때문이었다. 바로 얼마 전까지 같이 일을 하고, 술 마시고, 접대 골프를 치러 가던 그가 세상을 떠난 것을 보면서 떠오른 느낌은 허무함과 더불어 찾아온 공포였다. 이렇게 살다가는 바스러져버릴지도 모른다는 생각. 그의 빈자리가 쉽사리 채워져 몇 주도 안 되어 그의 흔적조차 미미해진 것도 보았다. 회사를 위해서 이렇게 열심히 살아왔지만, 오너를 향해 충성을 맹세하면서 20년을 달려왔지만 남은 것은 그가 집에서 죽었는지, 회사에서 죽었는지에 따라 산업재해 대상 여부가 판가름날 뿐이라는 사실의 허탈함이었다. 그 사람이 그가 아니라 바로 나였을 수도 있다는, 찰나의 아찔함은 가슴 한가운데를 파고들어 콕 찍은 채 떨어져나가지 않았다. 그때 이후 그는 서서히 라이프 스타일을 바꾸기 시작했고, 그 변화의 양상은 캠핑하고 오토바이 타는 사람들의 그것과 유사했다.

이런 삶의 변화는 두 가지 의미를 갖는다. 지쳐서 더이상 이렇게 살아서는 안 되겠다는 절박감이 트랙에서 살짝 비껴나가게 만들었다는 것이 하나고, 또다른 하나는 이제 남의 인정을 받기 위해서, 평가를 더 잘 받기 위해서 살지 않고 '내가 좋아서 사는 삶'으로 전환하겠다는 의지를 표현한 것이다. 심리학에서는 이를 자기목적성에 있어 외적 보상에서 내적 보상으로의 전환이라고 말한다. 타인이 주는 보상을 추구하는 것은 인정 투쟁을 양산한다. 그리고 내가 가진 것과 남이 가진 것을 자꾸 비교하게 만든다. 보상을 내리는 주체는 내가 아니라 남이기 때문에 남의 기준을 따르고 그에 따라 보상 내용도 바뀔 수밖에 없고, 만족 또한 내 것이 아닌 타인의 기준에 따른다. 남과 반복적으로 비교하면서 조바심에 더 잘해야 한다는 채찍질을 할 뿐이다. 행복해지기 어렵다. 잘했다는 말을 들어도 그때뿐이고 더 높은 목표를 제시받게 된다. 결국 욕망이 시간과 관심을 잠식해서 실제 행복 체감도를 키우는 자기목적성 활동에 열중할 수 없게 한다.

게임 디자이너 제인 맥고니걸Jane McGonigal은 2009년부터 2년간 로체스터 대학의 졸업생 150명을 관찰하면서 가치 기준을 외적 보상과 내적 보상 중 어느 쪽에 두고 있는지에 따른 행복 체감도 차이를 비교해보았다. 그 결과 내적 보상을 추구하는 집단의 행복도가 훨씬 높았다. 그들은 열심히 자기 강점을 개발하고, 사회적 관계를 만드는 데 집중할 수 있었다. 세상을 많이 경험한 중년이라면 자기만의 기준을 이미 갖고 있을 확률이 더 높다. 그런 사람일수록 자기만족의 기준을 자기 안으로 가져올 충분한 자격과 이유가 있다. 처음에는 익숙하지 않겠지만 시간이 지나고 그 불안을 견뎌내면 자기만족의 중요성, 내적 보상의 장기지속성을 깨닫는다. 이제 외부 조건이나 보상에 의존하지 않고 삶의 질을 보존하고 향상할 능력이 생긴다. 덧없는 외적 보상을 멀리하고 스스로 행복을 좌우하고 재생할 수 있다. 더 바랄 것이 없다.

이는 반드시 캠핑 장비를 마련하고 값비싼 오토바이를 타야 함을 얘기하는 것이 아니다. 내가 의미를 찾고, 그 안에서 즐거움을 찾으면 된다. 사진작가 윤광준은 '생활명품'이라는 용어를 만들어 오랫동안 아끼고 좋아하는 물건들을 샤넬, 프라다보다 더 가치 있는 명품이라고 칭했다. 그는 그가 좋아하는 안경, 오디오, 만년필, 신발을 세세하게 소개하고 설명하면서 그가 이것을 좋아하게 된 이유를 설명한다. 그는 돈이 많아서 원하는 대로 최고급 물건을 별 고민 없이 사는 사람들은 알 수 없는 내밀한 즐거움에 대해 말하면서 "격이 있는 물건에 도달하기까지 겪는 수많은 일들. 그것이 내 삶의 내용이고 역사가 된다"고 했다. 그에게 명품이란 실용적 가치만으로 따질 수 없는 아우라를 가진 물건이다. 물건에 원숙해진 인간 전체의 경험과 예지가 담겨 있을 때 이 아우라가 생기는데 이를 읽어낼 줄 아는 사용자를 통해서만 물건은 세련되어지고 생명력을 갖게 된다고 윤광준은 지적한다. 이렇게 자기만의 내밀한 즐거움을 누리는 것이 자기만족의 내적 보상이다.

어릴 때는 부모로부터, 학교로부터, 사회인이 되어서는 상사로부터 인정받고 칭찬받는 것에만 익숙해진 채, 오직 그것만 바라보고 살아온 사람들이 이제 지쳤다. 더 해낼 것을 원하기만 하는 뱀파이어 같은 사회에 저항하기 시작했다. 이제는 자아의 외부가 아닌 자아의 내부에서 내가 좋아하는 것을 소중하게 여기고, 내가 좋아하는 것을 통해 나만의 보상을 얻고, 남과 비교하기보다 이전의 나와 비교하면서 보상을 얻는 '자가발전'식 자주적 라이프 스타일을 만드는 사람들도 늘어나고 있다. 캠핑하고 오토바이 타는 아저씨들은 그렇게 변화해가는 사람들 가운데 일부다.

먹방과 쿡방

바야흐로 먹방, 쿡방이 대세다. 하정우가 영화 〈범죄와의 전쟁〉에서 탕수육 먹는 장면이 화제가 됐을 때만 해도 이렇게 될 줄은 몰랐다. 그냥 멋진 배우가 보여준 의외의 모습에 대중이 열광한다고 생각했다. 그런데 몇 년이 채 지나지 않아 음식을 만들거나 먹는 것이 예능 프로그램의 단골 소재가 되었고, 드라마나 영화에서는 배우들이 맛깔스럽게 음식을 먹는 장면이 작정한 듯 배치되었다. 미션 수행도 없고, 게임도 없고, 벌칙도 없이 그저 2박 3일 동안 시골에서 세 끼를 지어 먹는 〈삼시세끼〉란 프로그램도 인기를 끌었다. 더 나아가 〈백종원의 3대 천왕〉이란 프로그램은 이른바 토요일의 국민 프로그램 〈무한도전〉과 같은 시간대에 시청률을 경쟁하는 상황이 되었다. 여자 아이돌이 코미디언과 탐스럽게 음식을 먹으면서 인기를 끌었다. 채소 몇 개와 토마토 한두 개로 구성된 아이돌 식단을 보다 먹성 좋게 잘먹는 아이돌 그룹 멤버의 모습을 보니 반전의 쾌감이 느껴진다. 또 먹는 것을 진지하게 토론하는 프로그램 〈수요미식회〉, 거구의 코미디언 넷이서 우악스럽지만 맛나게 먹으러 다니는 〈맛있는 녀석들〉이란 프로그램까지, 그야말로 음식 관련 방송의 백가쟁명 시대다. 먹는 것을 지켜보는 것부터 직접 만드는 것, 먹으러 다니는 것까지 생각할 수 있는 모든 조합이 등장한 셈이다.

특히 인터넷 TV를 중심으로 '먹방'이 큰 인기를 끌면서 방송에 나온 몇 명은 인터넷 스타가 되었고 이들이 나온 동영상은 수십만 회의 조회수를 올렸다. 방송에 나오는 셰프들은 이미 스타다. 백주부라 불리는 백종원부터 이연복, 최현석 셰프까지 요리사가 스타가 되어 대중의 환호를 받는 시대가 되었다. 이연복 셰프가 운영하는 중식당은 두 달간의 예약이 이미 찼다고 하고, 블로그에는 '집밥 백선생 레시피'나 〈냉장고를 부탁해〉에 소개된 레시피를 따라서 요리해본 사람들의 후기가 넘쳐난다.

수십 년 전만 해도 먹는 얘기를 대놓고 하는 사람이 그리 환영받지 못했다. '미식가美食家'라는 타이틀로 불리는 것도 좋은 이미지는 아니었다. 굳이 아프리카의 기아 난민을 떠올리지 않아도 도처에 굶주림으로 고통받는 이웃이 있었던 것이 불과 수십 년 전까지의 우리나라였다. 그때에는 먹는 것으로 장난치면 안 되고, 먹는 것에 집착하는 것은 바람직한 행동이 아니라고 여기는 경향이 있었다. 그러던 우리가 어느새 먹는 것에 열광하고, 맛있는 것에 환호하며 전국 5대 짬뽕집을 순례하는 것을 당연시하고, 쿡방을 보면서 직접 요리를 하고, 셰프를 스타로 떠받든다. 모임이나 데이트를 할 때 가능하면 맛있는 것을 먹기 위해 동네 맛집을 검색하고, 좋은 식당을 많이 알고 소개해주는 사람은 좋은 주식 종목을 소개해주는 사람보다 환대를 받는다. 도대체 왜 이렇게 변한 것일까?

아마도 그건 우리의 마음이 헛헛해서 그런 것이 아닐까? 맛있는 것을 찾아 먹어야만 지금의 이 헛헛함이 해결될 것 같다고 생각해서는 아닐까? 이를 정서적 허기emotional hunger라고 한다. 우리가 갓난아기였을 때를 상상해보자. 엄마의 젖을 물고 있을 때에는 엄마와 하나가 되어 안전하다고 여기며, 세상을 다 가진 것 같은 정서적 만족을 느끼는 동시에 배도 불러 육체적인 허기까지 해소할 수 있었다. 시간이 지나면서 아기는 엄마와 자신이 분리된 존재라는 것을 받아들여야만 하는 상황에 처한다. 배가 고플 때 알아서 엄마가 젖을 물려주는 것이 아니고 보채고 울어야지만 먹을 것이 들어온다는 점에서 냉엄한 현실을 느낀다. 벽에 그림을 그리면 엄마가 화를 내기도 하고, 춥고 열이 나서 울고 있을 때 엄마가 바로 와서 안아주지 않아서 죽을지도 모른다는 절망감을 경험하기도 했다. 그러면서 서서히 배를 채우는 것과 엄마가 꼭 껴안아주고 칭찬을 해주는 것은 서로 다른 길이라는 것을 익히면서 이를 다른 영역으로 분화해서 발달시켜나간다.

그러나 그 뿌리는 하나다. 우리의 뇌는 그렇게 기억을 하고 있다. 특히 3세까지는 해마라는 명시적 기억을 담당하는 영역이 아직 제대로 기능을 하지 않고 있을 때라, 그 이전에는 감정적 기억을 담당하는 편도라는 영역이 주로 경험을 축적한다. 이때에는 더더욱 정서적 경험과 육체적 경험이 합쳐져 기억의 저장소에 차곡차곡 쌓인다. 죽어라 외웠던 국사나 수학은 기억나지 않지만, 엄마가 처음 해준 국수의 냄새, 아침에 일어나기 싫어 눈을 비비고 있을 때 부엌에서 들려오던 칼질 소리와 보글보글 찌개 끓는 소리 같은 기억은 설명할 수 없는 느낌으로 우리 뇌에 각인이 되어, 그때의 따스함과 안온함을 필요로 할 때 불현듯 소환되고는 한다.

우리는 힘들고 괴로운 현실을 살아가면서 정서적으로 메말라간다. 누군가에게 밀릴지도 모른다는 두려움에, 제대로 해내지 못했다는 실망감에, 사람에게 뒤통수 맞고 난 다음의 찌릿함에 온 마음이 탈진된다. 그런데 이렇게 탈진된 뒤에 마음은 쉽사리 충전하기 어렵다. 누가 옆에 있어주기를 원하지만 언제나 내 편인 사람을 곁에 두고 있기도 힘들다. 어른이 되어버렸는데 엄마 품에 파고드는 것도 남사스럽다. 이런 필요를 파고 파고 또 파고들다보니 아주 어릴 때, 아기였을 때의 경험까지 거슬러올라가게 된다. 바로 엄마의 젖을 물고 있을 때 했던 일타쌍피의 경험. 그때 그랬듯이 맛있는 것을 먹으면 육체와 마음 모두가 만족될 것이라는 생각에까지 미치게 되는 것이다. 그래서 우리는 먹을 것을 찾는다. 화나고, 힘들고, 괴롭고, 탈진하고, 마음이 헛헛할 때, 이왕이면 맛있는 것을 먹고 싶고, 함께 나눠 먹으면서 이야기를 하고 싶고, 그렇게 하면 마음이 풀어지고 뭔가 채워지는 기분이 든다. 당이 돌면서 뇌가 활성화되고 맛있는 것을 먹었다는 만족감은 스트레스를 유발하는 호르몬을 낮추면서 바짝 긴장했던 전투 모드의 자율신경계를 안정시킨다는 것이 의학적으로 증명된 바 있다. 그런 심리적 이유가 있기 때문에 우리는 먹방을 보고, 쿡방의 레시피를 따라하고, 맛집을 메모해두고, 찾아가 사진을 찍어 기억으로 남기고 싶어한다. 힘들고 지칠 때 핸드폰을 꺼내 사진을 넘기면서 지금의 쓰라린 마음에 반창고를 붙이는 것이다.

먹방을 보는 것에서 조금 더 나아가보자. 남이 먹는 것, 만드는 것을 보다보면 어느덧 나의 추억 속 음식, 소울 푸드soul food를 소환하게 되는 것은 자연스러운 수순이다. 나만의 추억의 음식을 찾아내고 그 기억을 더듬어서 명확히 하는 것은 정서적 기억을 소환해서 아픔을 중화시키는 힘을 갖는다. 그게 추억의 힘이다. 그런 면에서 우리는 모두가 각자의 추억의 맛을 갖고 있다.

박찬일 셰프의 『추억의 절반은 맛이다』가 제일 먼저 떠오른다. 기자 출신으로 이탈리아에서 정통 이탈리아 요리를 배우고 돌아와 여러 개의 레스토랑을 운영한 셰프이자, 글쟁이인 저자의 책이다. 그의 이전 책이 요리 수업을 받던 시절과 좋은 이탈리아 요리에 대해 주로 이야기하던 것에 비해, 이 책은 어릴 때의 추억을 소환해서 음식과 하나하나 매치시킨다. 일이 풀리지 않고 고민이 많을 때면 중국집에 가서 짜장면 한 그릇을 시켜놓고 기다리는데 이때 복잡한 머릿속이 정돈된다고 한다. 어릴 때 어머니가 열무김치를 넣고 국수를 말아준 기억, 오직 김치와 김치 국물에 깨소금을 탁탁 뿌린 국수였을 뿐이나 누나들 몰래 어머니가 올려주신 삶은 달걀 반 개의 기억은 어머니와 그가 가진 소중한 추억이다. 운동회 날에 어머니가 어려운 형편에도 무리를 해서 밥 한 단, 계란말이와 나물 한 단, 고기나 생선 반찬 한 단, 거기에 과일 한 단을 쌓아올린 찬합도시락을 보자기에 싸서 가져오는 장면을 읽을 때면, 그가 기자에서 요리사로 전직을 하고 여러 차례 새로운 식당을 열면서도 흔들리지 않고 자기 길을 만들어가는 저력은 이런 추억으로 쌓아온 정서적 안정감에 있을 것이라 추정하게 한다.

『심야식당』의 만화가 아베 야로의 책『술친구 밥친구』도 같은 맥락에서 볼 수 있다. 그의 히트작『심야식당』에서 마스터가 만든 요리들은 도시의 삶에 지친 사람들의 영혼을 채워준다. 그것도 한밤중에나 겨우 한잔할 수 있는 도시의 어두운 곳에 속한 마이너 인생들.『술친구 밥친구』를 읽으면 그가 왜 이런 이야기를 구상했는지 알게 된다. 책에 등장하는 음식에 얽힌 아베 야로 본인의 사연을 엿볼 수 있는데 자신의 고향 음식인 샛줄멸 튀김, 가다랑어 다다키 등이 그의 추억과 함께 소개된다.

이렇게 어릴 적 추억의 맛을 기반으로 책도 쓰고, 만화도 그리는 능력 좋은 사람들이 많다. 우리는 그러지 못한다고 기죽을 것은 없다. 우리에게는 각자 자기가 갖고 있는 나만의 맛의 추억이 있기 때문이다. 먹방을 보면서 침을 흘리고, 쿡방을 보고 어설프게 따라 하는 것도 좋다. 그러면서 한번 내 마음속에 깊숙이 간직해놓았던 나만의 추억의 맛이 무엇인지 하나하나 꺼내보면 어떨까. 새로운 맛집을 찾아가는 것보다, 내가 아닌 남이 먹는 것을 보며 대리 만족을 하는 것보다 더 효과적으로 나의 지친 영혼을 달래주고, 에너지를 쾌속 충전시켜줄 수 있을 것이다. 추억의 맛이야말로 힘들고 지쳐 너덜너덜해진 자아를 달래줄 영혼의 닭고기 수프이자 나만을 위한 맞춤 처방전이기 때문이다.

정서적 허기를 해결하기 위해 필요한 것은 실제로 허겁지겁 먹어대는 것이 아니라, 마음의 평온을 찾고 자존감을 채우는 것이다. 그 중간 단계에 나만의 맛의 기억과 여기에 얽힌 따뜻하고 안전했던 감정 기억이 한몫을 하리라 믿는다.

강박이란 껍질로 방어한다

강박이란 갑각류의 껍질 같은 것이다. "하루에도 두 시간씩 청소를 하는 데 몰두합니다. 그래도 집안이 더럽다고 느껴져요." 강박증 환자들의 호소다. 불필요한 일이라도 그 행동을 반복하지 않으면 견딜 수 없다. 반복한 횟수를 확인하고, 몇 시간 동안 몸을 씻는다. 쓸데없는 물건도 버리지 못하고 모으며, 아침에 일어나 정해진 순서대로 먹고, 씻지 않으면 외출을 못한다. 이러니 생활이 어렵다. 요새 강박증상이 병적으로 심해진 사람들이 부쩍 늘었다. 잘 지내던 사람이 어느 날부터 강박적인 행동을 반복하지 않으면 견딜 수 없는 상태가 되어버린 것이다. 신종 바이러스나 환경 호르몬의 영향이라도 있는 것일까?

강박증상은 하늘에서 뚝 떨어진 것이 아니라, 실은 수준차만 있을 뿐 우리 모두가 갖고 있다. 어떤 사람은 남들보다 평균 이상으로 깔끔할 수 있고, 반대로 지저분하게 지내도 별로 힘들어하지 않는 사람도 있다. 뭔가를 정확하고, 깔끔하고, 완벽하게 처리하는 사람은 일을 잘하는 사람으로 인정받기도 한다. 이와 같이 우리 모두는 일종의 커다란 한 스펙트럼 안에 있지만 지금의 문제는 강박증상이라 부를 만한 수준 자체가 정상 범위에서 용납할 수 있는 수준 밖으로까지 뻗어나가버렸다는 데 있다. 왜 이렇게 심할 정도로 강박적인 행동을 해야만 하는 사람이 늘어난 것일까. 나는 전반적으로 사회의 불안 수준이 상승한 것이 반영되었다고 생각한다.

강박증상 자체를 보면 흥미로운 공통점을 갖고 있다. 씻기, 확인하기, 모으기, 정돈하기가 모두 우리의 '안전'과 관련된 행동이라는 점이다. 하지 않으면 더럽고, 흐트러지고, 순서를 알 수 없게 되고, 쓸 물건이 없어서 위험한 상황이 벌어질 가능성이 올라간다. 그래서 병원에서는 감염 예방과 진료의 프로토콜protocol, 순서를 정리한 규칙을 강박적으로 중시하고, 군대에서는 위계질서와 정리정돈을 신병 때부터 주입시키는 것이다.

그런 면에서 강박증상이 심해진다는 것은 '알 수 없지만 뭔가 매우 위험한 상황에 처해 있다'는 신호를 받아들인 뇌가 어떻게든 안전해지기 위해 안간힘을 쓰며 과잉 반응을 보이는 것이라 해석할 수 있다. 그러나 문제는 더럽고 지저분한 상황이 원인이 아니라는 데 있다. 사실 다른 스트레스나 존재의 방향 상실과 같은 큰 덩어리가 있는데, 그건 차마 보지 못한 채 전혀 다른 쪽에서 부질없는 대응을 하는 것이 바로 강박 행동이다. 불은 명동에서 났는데, 소방차는 강남역으로 와서 물바다를 만든 격이다.

현대사회에 사는 우리는 만성적인 스트레스 속에서 왜 사는지 모른 채 허우적거리며 휩쓸려가는 일이 잦다. 그러다보니 직접적 원인을 감히 직면할 엄두를 내지 못한다. 그렇다고 가만히 있을 순 없으니 주위를 깨끗하게 하고, 정돈하는 대응으로 안전해지기를 바라는 부질없는 노력만 하게 되는 것이 현대인이 갖고 있는 강박증의 핵심이다. 이런 과잉 대응은 일단은 자신이 안전하다고 여기게 해준다. 마치 연하디 연한 부드러운 속살을 단단한 껍질로 보호하는 갑각류 같다.

갑각류의 껍질이 두껍고 단단할수록 속살은 더욱 부드럽지만, 그 개체의 무게는 무거워지고 움직임은 둔해져서 포식자에게 잡힐 위험은 도리어 높아진다. 그리고 삶에 부딪혀 굳은살이 박이고 근육이 탄탄해질 기회를 잃는다. 어느 날 강박에 사로잡혔다면 그 증상을 없애려 하기보다 실제 내가 무의식적으로 회피하려는 불안의 근원을 찾으려는 시선의 전환이 필요하다.

4

마음의 진자 운동*
왜 난 결정하기가 힘든가?

결정장애가 늘어나는 이유

　"카메라를 바꿔볼까 하는데 뭐가 좋을까?" "검색해봐." "다음 주말에 가족들 모임이 있는데 어디가 좋을까?" "글쎄…… 검색 한번 해봐." 무엇인가를 구매하거나, 구경을 가거나, 식사를 하러 가야 할 일이 생기면 그쪽을 잘 아는 사람에게 물어보기도 하지만 언제부턴가 검색부터 하는 것이 일상적 행동이 되었다. 막막하던 부분이 많이 해결되고, 어떤 장단점이 있는지 알 수 있게 되었다는 점에서 유익했다. 아무래도 내 좁은 인맥에서 나온 정보보다는 포털 사이트의 집단지성이 정보의 양이나 질에서 비교할 수 없을 만큼 방대하고 깊기 때문이다. 그러니 뭔가 한번 하려고 하면 먼저 검색에 검색을 거듭하는 것이 버릇이 되어버렸다.

그런데 검색을 하면 꼭 한두 군데에서 그 제품의 결점에 대해 써놓은 것이 튀어나오기 마련이다. 거의 마음을 굳혀가고 있는 찰나, '○○○ 실망이다' '결정적 한계를 가진 ○○○'이란 제목의 글을 보면 가슴이 철렁해진다. 한마디로 눈을 버린 것이다. 그때부터 찝찝함은 사라지지 않고 다시 처음부터 방향을 바꿔 검색을 하는 나를 발견한다. 결국 뭔가를 사거나, 어디를 가게 되지만 만족도는 낮다. 완벽한 선택이란 없는 것인데도 완벽을 바라고 있었던 것이다.

한편으론 선택과 번복을 거듭하는 심사숙고를 하다가 막상 실제 행동을 하기도 전에 이미 몸과 마음은 지쳐버린 상태에 이르기도 한다. 검색 우선, 추후 선택을 생활화하자 너무 많은 검색 결과에 압도당해 결정 자체를 못하게 되었고, 시간에 떠밀려 결정을 내렸다 해도 검색 과정에서 접한 정보가 넘쳐 새로움도 없고, 지나친 기대로 도리어 실망스러워 진정한 만족을 얻지 못하는 역설적 상황을 만나게 된 것이다. 처음에는 선택할 가짓수가 많다는 것이 만족스럽고 뿌듯했다. 그러나 시간이 지날수록 머리만 아파지면서 도대체 뭘 골라야 할지 몰

---

* **진자 운동**(振子 運動) : 고정된 한 축이나 점의 주위를 일정한 주기로 진동하는 운동.

라 하나하나 열어보다 제풀에 지쳐버리기 일쑤였다.

연휴를 맞아 우리 가족은 경기도 인근의 펜션에 놀러가기로 했다. 검색어를 '경기도 양평'이라고 나름대로 좁혀 넣었는데도 수백 개의 펜션들이 나와서 도대체 어디를 골라야 할지 난감했다. 너무 많아서 결정을 내릴 수 없었고, 좋은 곳을 찾아 블로그 등을 뒤지다가 그만 노트북을 덮어버렸다. 결정장애라는 것이 이런 것이라는 걸 알게 되었다. 내가 우유부단해서 그런 것일까?

아니다. 정보 과잉이 도리어 선택을 어렵게 만든다. 선택을 위해서 최선의 노력을 한다. 하지만 거기에 들이는 노력이 어느 선을 넘어서면 선택하는 과정 자체가 비용이 된다. 선택하는 데 고민이라는 비용이 많이 들수록 그걸 더한 만큼의 만족도를 요구하게 되고, 이것이 만족의 평가에 영향을 미친다. 은연중에 '이렇게 오래 고민해서 찾은 것인데 이것밖에 안 돼?'라는 생각이 든다. 고민한 만큼 고려해야 할 요인을 많이 알게 되었고, 그러니 실망할 가능성도 비례해서 높아진다. '아는 만큼 실망'하는 셈이다. 이와 같이 너무 많은 정보와 고민은 도리어 선택을 하기 어렵게 만들고, 에너지를 너무 많이 쓰게 한다. 지나치게 많은 정보를 알고 있다보니 선택한 결과에 만족하는 일도 어려워지는 역설적인 상황이 벌어지는 것이다.

정보사회를 환영하던 우리가 어느새 정보 과잉의 덫에 걸린 형국이 되어버렸다. 이럴 때 필요한 것은 '이제 그만!' '이 정도면 됐어'라는 마음의 브레이크를 작동하는 노력이다. 이미 우리는 충분히 많이 알고 있다. 결과에 대한 만족은 더 많은 정보를 통해 오는 것도, 오랫동안 고민한다고 오는 것도 아니다. 고민과 정보 처리도 모두 비용으로 여기고, 사안에 따라 적당한 정도와 시간만 들여 마음의 경제학을 흑자로 운영하려는 마음가짐을 가질 때 선택과 결과에 만족할 가능성은 올라간다. '더 나은 것'에 대한 미련이, '혹시 더 괜찮은 것이 있을지 몰라'라는 망설임이 그러지 못하게 한다. 한번 해버린 선택은 더이상 매력적일 수 없지만, 놓친 기회는 두고두고 우리 마음에 남아 우리를 괴롭히기 때문이다.

이렇게 결정장애를 양산하는 원인을 IT 기술의 발전에만 돌릴 수는 없다. 사회의 흐름이 크게 변한 탓도 있다. 과거 사회에선 집단의 논리에 따르는 것이 대세였다. 사회에 정해진 틀이 있고, 그것에 순응하는 선택을 강요하는 면이 많았다. 회사에서 점심식사를 하러 가면 "짜장면으로 통일! 다른 것 먹을 사람 있나?"라고 상사가 눈을 부릅뜨고 둘러보는 것을 당연하게 여겼다. 커피도 여러 맛이 절묘하게 배합된 커피믹스를 마시면 됐다. 개인의 자유는 적지만 대신 소속감과 안전감은 컸다.

그러나 인간은 자유를 원하는 존재인지라, 이런 삶의 방식에 저항이 생겼다. 저항은 사회의 변화를 불러왔고 개인별 선택의 폭이 넓어졌다. 이제는 함께 밥을 먹는 대신 혼자 알아서 먹고 오는 것을 이상하게 여기지 않고, 주문도 개인의 입맛에 맞춰 한다. 스타벅스 같은 커피전문점에 가서 각자 계산하면서 먹고 싶은 음료를 시키는 일도 흔해졌다. "카페라테를 저지방 우유로 만들어주시고, 샷을 추가해주세요."

이렇게 주체적으로 선택을 할 수 있는 것은 분명히 개인의 관점에서는 좋은 면이다. 집단의 논리에 휩쓸리면, 경우에 따라 자아의 핵심이 훼손되어버릴지 모른다는 심한 수준의 불안과 긴장이 생긴다. 그러나 동시에 부정적인 면도 있다. 선택해야 할 상황이 불편할 정도로 많아지고 이것이 에너지 소모로 이어지면서, 실제로 제대로 신경 써서 선택해야 할 상황이 왔을 때에는 거꾸로 심사숙고하지 못할 수 있다. 그리고 선택하는 행위 자체에 대한 염증이 생겨버릴 수도 있다. 선택의 자유가 덫이 되어버린 것이다. 독일의 심리학자 바스 카스트Bas Kast는 이런 상황을 "자신의 운명을 스스로 결정하지 못하던 속박의 상황에서, 끊임없이 결정해야 하는 속박의 상황으로 바뀐 것이다"라고 표현하기도 했다. 내 자아가 자잘한 일에 소모되어버리고 있다는 것은 반길 만한 일은 아니다.

선택의 결과에 내가 오롯이 책임져야 하는 것도 무서운 일이 된다. 과거에는 "여기는 모두가 다 이렇게 하니까 할 수 없지"라면서 사회에 책임을 전가할 수 있었다. 그러나 모든 상황에 대해, 특히 매우 결정적인 상황에서 나 홀로 결정하고 그 책임을 고스란히 안아야 한다면?

미국 뉴욕 컬럼비아 대학 경영학과의 쉬나 아이엔가Sheena Iyengar 교수는 이런 연구를 했다. 뇌손상을 입은 아이의 생명 유지 치료를 지속할지 여부를 미국에서는 부모가 모두 결정한다. 반면 프랑스에서는 의사가 전문가로서 결정을 하고 부모는 거기에 뚜렷한 반대 명분이 있을 때만 거부할 수 있다. 언뜻 보면 미국이 부모의 재량권을 폭넓게 인정하는 것으로 보이니 만족도가 높을 것으로 보인다. 하지만 이런 매우 괴로운 일에 대해서는 그렇지 않았다. 아이를 잃고 난 다음에 오랫동안 죄책감과 후회를 느끼는 쪽은 프랑스가 아니라 미국의 부모였다. 프랑스 부모가 아이의 치료 중단을 불가피한 선택으로 받아들인 것에 반해, 미국의 부모는 자기들에게 책임이 있다고 여겼던 것이다.

그래서 어떤 순간부터는 차라리 회사 직원 식당에서 매일 조금씩 메뉴를 바꿔주는, 썩 맛있지는 않지만 적당히 먹을 만한 식사를 먹는 것으로 매일매일 점심 메뉴를 골라야 하는 괴로움에서 해방되기를, 누군가는 바란다. 또 회사 유니폼을 입는 것은 개성을 포기하는 게 아니라 선택의 괴로움에서 사람을 해방시켜주는 솔루션이 되기도 한다. 스티브 잡스가 수십 년 동안 터틀넥 셔츠에 청바지를 입는 것으로 매일 옷을 고르는 데 드는 선택의 비용을 피했던 것도 같은 맥락에서 볼 수 있는 그만의 지혜였다.

이도 저도 안 되면 둘 다 갖기를 원할 수 있다. 그 결과물이 세칭 '괴식'이다. 짬짜면, 치즈 등갈비처럼 한쪽을 고르기 힘들어 두 가지 음식을 한 번에 먹거나 양식과 한식을 난데없이 결합시키는 괴식들의 향연도 사실은 이런 결정장애의 결과물이라 할 만하다. 결국 두 가지에 모두 만족할 수 있을까? 만족하는 사람도 있을 수 있지만 그보다는 어느 한 쪽을 고르니만도 못했다는 헛헛한 느낌을 받는 사람이 더 많지 않을까?

사회는 갈수록 개인의 선택에 의존한다. 그리고 그 결과에 대해서도 개인이 책임지도록 한다. 하나하나의 결정을 할 때마다 마음을 써야 하는 비용의 총량은 늘어난다. 결정에 대한 책임의 무게도 늘어난다. 집단에 따르는 순응은 싫지만 그렇다고 모든 결정을 개인의 선택에만 맡기는 완전한 자유주의적 태도는 부담스럽다. 이런 환경은 결국 결정 자체를 뒤로 미루게 하고, 결정을 내려도 눈덩어리처럼 불어난 마음의 비용으로 만족도는 떨어뜨리는 결정장애가 늘어나게 하고 있다.

쿨을 추구하다 얼어 죽을까 겁난다

현대사회의 삶의 기조는 '쿨'이다. 쿨하지 못하게 끈적거려도 안 되고, 지나치게 열정적인 행동은 오버일 뿐이다. 대인관계에서도 적당한 거리를 유지하는 것을 선호한다. 예전같이 밤새 술을 마시고 어깨동무하고 평생 이 우정 계속하자고 하고, 가끔은 다투면서 주먹다짐 일보 직전까지 가는 그런 뜨거운 관계는 서로 사양한다. 관계가 소원해지면 적당히 알아서 서서히 멀어진다. 결별의 확인은 문자로 하는 것으로 족하다. 이렇게 끝나니 아픈 것도 덜하다. 처음부터 내 모든 것을 다 준 적도 없고, '내 마음을 다 열어서 보여준 적'도 없으니 특별히 손해날 것도 없었다. 서로 필요에 의해서 적당히 주고받아온 그런 관계가 있었을 뿐이다.

쿨한 관계에는 여러 가지 장점이 있다. 먼저 감정의 파고가 크지 않아 마음이 잔잔한 상태로 유지될 수 있다. 둘째, 마치 중력이 강한 행성이 다가오면 작은 행성은 흡수되어버리듯이 자아가 강한 사람의 영향을 받아 '나라는 존재'의 경계를 완전히 잃어버리고 식민지가 되어버릴지 모른다는 두려움에서도 자유로울 수 있다. 셋째, 언제든지 조용히 이 관계를 청산할 수 있다.

그러나 쿨한 기조를 유지하는 것이 오직 장점만 있는 것은 아니다. 어딘가에 단단한 끈으로 엮여 속해 있다는 것은 나름의 안정감을 주고, 더 나아가 안전감과 안온함까지 선사한다. 하지만 사람에 따라서는 그 따뜻함을 뜨거움으로 여기고 더 서늘한 곳으로 옮겨 지내다가, 마음이 식어버리기도 한다. 젊은이들의 우울증이 이런 경우다. 쿨을 추구하다 마음이 얼어버린 젊은이들이 부쩍 늘었다. 그것도 초기 증상이 아니라 꽤 중증으로 찾아오는 이들이 많다.

전형적 특징은 이렇다. 처음에는 새로 찾아온 우울감이 원래 자신이 갖고 있던 일상적 감정과 다르다는 것을 구별할 수 있었다. 그 다른 느낌을 극복하려 노력한다. 하지만 그 느낌이 오래 지속되고 우울한 감정에 휩싸여 살다보면 문제가 광범위해진다. 우울증적 생각과 행동이 자기 성격처럼 굳어져버린다. 특히 성격 형성에 중요한 시기인 20대 초중반에 우울증을 치료받지 않은 채 오랜 시간이 경과하면 도대체 무엇이 정상적인 감정인지 기준점을 잊어버려 우울함이 성격의 배경색처럼 자리잡는다. 그래서 치료 후 호전된 다음에도 도리어 "너무 들뜬 것 같아요, 이상해요"라며 어색해하는 아이러니가 발생하고, 다시 우울의 늪으로 빠져들려 한다.

이들의 우울증상이 성격이 될 정도로 병이 깊어지는 원인에는 인상적인 특징이 있다. 물리적 환경의 변화가 영향을 줬다는 것이다. 이는 최근의 대학 문화나 도시적 라이프 스타일과 연관이 깊었다. 지방 학생들의 경우 예전에는 하숙을 하거나 기숙사에 들어가는 일이 많았다. 그때에는 최소한 하숙집 아주머니나 사감, 룸메이트가 신경을 써주었다. 하숙집에서 밥을 같이 먹으며 알고 지낸 인연으로 평생 친구가 된 이들도 여럿 있었다. 그러니 어느 한 사람이 힘들어하거나 표정이 안 좋으면 옆에서 챙겨주었고, 문제가 발생하면 빠른 조치도 가능했다. 그런데 요즘 학생들이 선호하는 주거 환경은 아무리 작아도 원룸이다. 고시원도 거의 원룸 형태다. 옆에 누가 들어왔다 나가는지 알 수 없고, 알려고 하지 않는다.

학교에서도 사정은 비슷하다. 예전만큼 소속감을 느끼기 어려워졌고 선후배 사이에 깊은 관계를 맺는 일도 드물어졌다. 그러나 이를 '쿨 라이프'라고 여긴다. 진료실에서 경험한 바로는 우울증이 깊어지면서 몇 달간 원룸에서 나오지 않고 인스턴트 식품을 먹고 술만 마시면서 지내는 20대가 제법 많다. 더러운 방 안에서 냄새 나는 이불을 덮고 있는데도 후각이 마비될 정도로 그 상태에 익숙해졌고 이불을 박차고 일어나 창문을 열고 청소를 할 엄두를 내지 못할 만큼 마음의 에너지는 바닥을 드러낸 상태다. 개인적 삶 속에서 곁불마저 쬐지 못해 마음이 쪼그라들고 얼어붙은 이들의 도시적 라이프 스타일이 우울증의 사각지대를 만들고 있다.

꼭 우울증에 빠지지 않더라도 쿨한 자세를 지속하면서 사는 것은 꽤 강한 멘탈을 가진 사람에게도 쉬운 일이 아니다. 태생적으로 인간은 독립적인 존재이기를 원하지만 동시에 누군가와 함께 있고 싶어하고, 모자란 것을 보충하고, 온기를 나누기를 바라는 존재이기도 하니 말이다. 참 모순적인 존재라 하지 않을 수 없다. 혼자 있으면 남과 함께 있고 싶고, 집단 안에서 소속감을 느끼면서 그 집단이 주는 안전함을 누리고 싶어진다. 그러면서도 집단이 개인에게 요구하는 책임과 의무를 버겁다고 느낀다.

또, 자신의 가치관과 맞지 않을 때에는 그 집단에서 벗어나고 싶어한다. 상대적으로 집단보다 내가 작다고 여길 때에는 그 집단이 주는 혜택에 고마워하고, 집단의 힘과 지위를 누리기를 원한다. 반대로 자신이 집단보다 크고 능력이 있다고 인식하게 되면 그때는 집단에 속한 나로 소개되지 않기를 원하는 경향이 생긴다. 이는 균형을 이루면서 개인과 집단의 잘나가고 못 나가는 상황에 따라 앞서거니 뒤서거니를 한다. 또 개인이 집단을 갈아타기도 하고, 집단이 개인을 내치기도 한다.

프로 운동선수들의 유니폼에 새겨진 이름이 상징적인 사례라 생각한다. 지금은 당연히 모든 운동선수의 유니폼 뒤에 이름이 새겨져 있어서 그 선수가 누구인지를 알 수 있다. 그러나 그 역사는 생각보다 짧다. 유니폼에 선수 개인의 이름이 붙기 시작한 것은 1960년대 시카고 화이트삭스 구단부터였고, 곧이어 미식축구 리그에서 따라하면서 일반화되었다. 스포츠사회학을 전공하는 학자들은 이를 한 선수의 스타 파워가 강해지고 그가 갖는 상품 가치가 커지면서 팀보다 스타를 쫓는 개인의 역전 현상이 일어난 상징적인 사건으로 본다. 또한 이는 1970년대 이후 사회의 중심 가치가 집단주의에서 개인주의로 변화한 것을 상징하기도 한다.

흥미로운 것은 이런 추세에도 불구하고 선수의 이름을 유니폼에 새기지 않는 팀도 있었다는 것이다. 이를 NNOB no name on back 라고 한다. 유니폼 등에 이름이 없다는 뜻이다. 시카고 레드삭스나 양키스 구단은 홈 경기에서 NNOB 유니폼을 착용할 때가 많다. 그런데 개인의 이름이 새겨진 유니폼을 입고 뛸 때보다 이 유니폼을 입고 개인이 아닌 집단의 일원으로 경기를 할 때 팀의 성적이 좋다는 통계가 나오기도 했다. 샌프란시스코 자이언츠는 2000년 NNOB 유니폼을 도입한 뒤 월드시리즈에서 두 번 우승하기도 했다. 자신의 몸값이 중요한 프로 선수들이지만, 홈팀 경기에서만이라도 팀의 일원이자 무명의 선수로 뛸 때 성적이 좋아질 수 있었던 것이다. 비록 프로 선수들이지만 상황에 따라서는 집단의 일원으로 '나'를 묻어두고 경기에 집중하는 것이 효과적일 때가 있다.

그러니 평범한 보통 사람들은 어떻겠는가. 마음은 혼자 있고 싶기도 하고, 다른 한편으로 집단 안에서 소속감을 느끼면서 나를 잊고 싶기도 하다. 그러나 어떨 때에는 집단 안에 잘 섞여 있거나 소속되어 있지 못하다는 느낌, 누군가에게 다가가고 싶지만 그럴 대상이 통 보이지 않는 듯한 막막한 감정을 느낄 수 있다. 이때 마음 안에서 떠오르는 것이 '외로움'이다. 외로움은 우울증과 혼동되기 쉽다.

미국의 사회학자 존 카치오포 John Cacioppo 와 윌리엄 패트릭 William Patrick 은 『인간은 왜 외로움을 느끼는가 Loneliness』에서 외로움과 우울감을 구별했다. 그들은 외로움이 자신이 대인관계에서 갖는 느낌을 반영하면서 유대감을 가지려는 욕구를 일으키는 동시에 위협을 당한다는 두려움도 유발하지만, 우울증은 자신의 느낌 그 자체만 반영할 뿐이라고 설명한다. 외로움은 배고픔과 같은 불편한 조건이나 어쩌면 위험할 수도 있는 상황을 바꾸기 위해 무엇인가 조치를 취해야 한다는 경고의 메시지지만 우울증은 우리 자신을 냉담하거나 무감각하게 만든다는 것이다. 외로움은 우리를 분발하게 만드는 반면, 우울증은 의욕을 꺾어놓는다고 할 수 있다.

이러한 차이점에도 불구하고 그들은 외로움과 우울증에 공통점이 있으며 그것은 자기 조절 능력이 떨어진다는 사실이라고 말한다. 자기 조절 능력의 상실은 의지력을 약화시키고 그에 따른 좌절은 마틴 셀리그만Martin Seligman이 말한 '학습된 무력감'으로 이어진다. 자신을 스스로 조절하려는 과정에서 외로움과 우울증은 서로 밀접히 연결되어 서로 밀고 당기는데, 외로움이 대인관계에서 전진신호를 보낸다면 우울증은 후진신호를 보낸다. 마치 전진과 후진 기어처럼 말이다. 외로움과 우울증은 접근이냐 후퇴냐의 결정을 용이하게 해준다. 외로움이 유전자에 각인된 하나의 경보 시스템으로 생존에 필수적인 것이라면, 우울증은 타인에게 접근해서 정신적 관계를 맺으려는 욕구를 제어함으로써 오히려 자신이 처한 상황을 분석하는 데 집중하는 식의 사회 적응에 필요한 역할을 한다는 것이다.

우울증뿐이라면 무기력해질 뿐이겠지만 외로움을 느끼는 것은 존 카치오포와 윌리엄 패트릭이 주장했듯이 상황을 바꾸기 위한 노력을 불러일으킬 수 있는 정상적인 반응의 하나다. 쿨하다가 너무 멀어져서 얼어 죽을 수 있으니 사람들 사이로 다시 다가가라는 일종의 경보 장치가 울리는 것이 바로 외로움인 것이다. 그러니 외로움이 느껴진다면 그것을 우울증의 전조 증상으로 여기기보다는 너무 멀리 왔으니 다시 무리 근처로 가라는 생존 본능의 경고로 인식하는 것이 맞다.

1985년 미국인들에게 "마음을 터놓을 친구가 몇 명인가"란 질문을 했더니 가장 많았던 대답이 "세 명"이었다. 2004년 같은 질문에 대해 가장 많이 나온 답은 "0명"이었다. 우리 사회는 어떨까? 많은 이들이 외롭다고 말한다. 우울하다고도 말한다. 그러나 둘은 구별해야 할 대상이며 이중 외로움을 느끼는 것은 인간 본성의 하나다. 그런 느낌을 잘 해결하는 것은 배고픔을 해소하고, 신체의 안전함을 획득하는 것만큼 중요한 일이다. 울적한 외로움이나 약간의 우울은 유익할 수도 있다. 다른 사람에게 다가갈 용기와 필요를 주기 때문이다. 외로움은 혼자서 극복하려는 의지로 인해서가 아니라, 촘촘한 사회적 네트워크를 형성하는 것으로 사라진다. 고립된 상태로 남아 쿨한 채로만 지내려 하면 근본적 문제는 해결되지 않는다. 집단과 개인 사이의 현명한 진자 운동이 필요한 이유다.

따로 또 같이: 광장 문화와 카페에서 공부하기
▬

2016년 말 대한민국 국민은 기이한 경험을 했다.

몇 주 동안 토요일 오후부터 밤늦은 시간까지 연인원 1000만 명이 넘는 사람들이 시청에서 광화문까지 빽빽하게 모여서 박근혜 대통령 탄핵과 국정농단에 대한 분명한 수사를 촉구했다. 촛불을 들고 다 같이 켰다가 함께 끄기도 하고 촛불로 끝없이 파도를 타는 모습은 장관이었다. 어떤 주말에는 200만 명이 몰려 지하철 정거장에서 출구로 나오는 데까지도 수십 분이 걸렸다. 사람들은 "나 한 사람이라도 촛불을 보태려고요"라는 소박하지만 비장한 결심으로 광장에 나왔다.

아이를 데리고 온 가족도, 젊은이도, 오랜만에 만난 친구와 약속을 잡은 중년도 광장에 머물다가, 어느 정도 시간이 지나면 인근의 식당으로 옮겨간다. 정해진 시간도 없고, 약속도 없고, 해야 할 미션도 없다. 조용히 가서 할 일을 하고, 촛불 하나 보탰던 자리를 깨끗하게 치우는 등 각자 자기 역할을 다했다. 덕분에 인근 식당은 최대의 호황을 누렸다고 한다. 1980년대의 시위 문화는 비장한 감정과 울분, 터지기 직전의 긴장감이 주요 정서였다면, 2016년 겨울 광화문은 그보다 훨씬 복잡하다. 자유로움과 평화로움이, 긴장과 결연한 의지와 묘한 조화를 이루고 있었다.

한 번도 광장에 나가본 적이 없었는데 이번에 처음으로 광장에 나가봤다는 사람이 유난히 많았다. "제가 2002년에도 월드컵 응원을 안 나간 사람이에요"라고 말하는 사람이 이번에 광장에 나가서는 난생처음 해보는 묘한 경험을 해보았다고 말한다. 그런데 설명이 어렵다고 한다. 그 느낌은 무엇일까?

국가대표 축구 경기가 열리면 시청 앞 잔디 광장은 거대한 붉은 물결로 바뀐다. 수십만 명의 사람들이 대형 전광판을 쳐다보며 국가대표팀의 경기에 일희일비한다. 같은 장소에 이번에는 사람들이 손에 촛불을 들고 모여든다. 정부의 잘못된 정책에 대한 분노를 표현하기 위해 사람들이 모인다. 유모차를 끌고 온 주부도, 퇴근 후에 동료와 함께 온 넥타이를 맨 회사원도 모두 한마음으로 시청 앞 광장에 모인다. 또 시간이 지나 이번에는 거대한 십자가가 세워지고 꼬리에 꼬리를 물고 온 버스에서 손마다 성경을 든 중년과 노년의 시민들이 내린다. 연합 기도회가 열린다. 연단에 선 목사는 소리를 높여 복음을 전파하고, 사람들은 손을 들어 화답하며 아멘을 외친다.

같은 장소에서 확연히 다른 성격의 행사가 열린다. 사람들은 행사 성격에 따라 참여했다가 흩어지기를 반복한다. '나'라는 개인은 이때 만큼은 수만 명의 군중 속에 같은 뜻을 공유하면서 하나가 되는 응집의 찰나를 경험할 수 있다. 도시라는 새로운 거주 형태가 만들어지면서 거의 모든 도시마다 존재하게 된 것이 바로 도시 가운데에 배치된 '광장廣場'이다. 민주주의의 시초로 여겨지는 그리스 시대 아테네 시민의 토론과 투표, 정책 결정 역시 아크로폴리스, 즉 광장에서 일어난 일이다.

이런 광장 문화는 도시적 삶의 중요한 형태다. 이를 과거 농촌 공동체의 '정자亭子 문화'와 대비해서 생각해보자. 농촌 마을 초입에는 커다란 나무가 한 그루 있고 그 아래 평상이 예외 없이 놓여 있곤 했다. 동네 어른 여러 명이 그 그늘 밑에서 장기를 두기도 하고 막걸리를 마시면서 두런두런 얘기를 나누기도 한다. 마을을 들고 나는 모든 이들은 이 정자를 지나치게 된다. 그러면서 정자에 있는 사람과 서로 인사를 하고 어디를 가는 것인지, 요새 어떻게 지내는지 짧게 안부를 묻는다. 마침 시간이 있는 사람은 정자로 다가와 앉는다. "그래, 자네 아들은 도시에서 잘 지내는가?" "읍내에 새로 생긴 음식점은 어떤가?" 이런 소소한 얘기를 나누다가 중간에 한두 명이 먼저 일어난다. 이때에도 "먼저 일어나겠습니다" "아, 그래 일 보게"라는 식으로 인사를 하는 것이 예의다. 정자를 오가는 사람은 서로 누가 누구인지를 대부분 안다. 그래서 뭔가 켕기는 것이 있는 사람은 정자가 있는 길로 나가는 것이 제일 빠르고 편한 길인데도 일부러 마을 뒷산을 타고 돌아나가는 길을 선택하기도 한다.

이처럼 농촌 공동체 문화에서 정자는 공동체 구성원 모두의 결속을 다지고, 관계를 이어주며 서로 정보를 교환하는 장소로서 기능했다. 이에 반해 도시의 광장은 조금 다르다. 광장 그 자체는 기능이 없다. 그저 넓은 공간이 하나 존재할 뿐이다. 도시의 삶은 개인의 삶이다. 혼자 결정하고, 선택하고, 판단하고, 살아가는 일이 점점 많아진다. 농촌에서 마을 공동체가 하나의 유사 가족으로 확대되는 경향을 보이는 반면, 도시에서는 있던 가족도 해체가 되고, 여기저기에 파편적으로 흩어져서 살아간다. 그리고 서로 모르는 사람을 굳이 알 필요가 없다고 여긴다. 자살을 하거나 고독사가 일어난 뒤에도 냄새가 나야 알게 되는 것이 현대 도시인의 삶이다. 서울의 1인 가구 비율이 25퍼센트를 넘어섰다.

작은 누에고치 안에 머무는 나만의 코쿤cocoon에서 살아가는 사람들이 무시할 수 없는 정도로 많아졌다. 그들은 작은 나만의 성에서 오롯이 혼자 결정을 하고, 익명성 속에 안전하게 지낸다. 약간의 외로움은 SNS를 하면서 달랜다. 하지만 '내가 지금 생각하는 것이 한편으로 치우친 괴상한 생각은 아닐까?' 하는 고민은 사라지지 않고 더 커진다. 가족과 함께 살 때에는 일상적인 대화를 하면서 자기 생각에 대한 피드백을 받았다. 다투기도 하고 속상해할 때도 있지만 최소한 한쪽으로 완전히 치우친 생각을 하지는 않을 수 있었다.

그런데 오랜 기간 혼자서 지내다보면 의도하지 않게 한쪽으로 치우치거나 현실과 거리가 멀어져 위험해지지 않을까 하는 불안이 본능적으로 솟아오르게 된다. 그것이 인간의 균형 감각이다. 정상적인 사람이라면 이 감각이 본능적으로 작동한다. 어떤 이는 그래서 작지만 의미 있는 공동체를 복원하려는 노력을 한다. 자기가 사는 다세대주택의 이웃들과 알아나가거나, 단골 카페나 술집을 만들어 정을 붙이고 사람들과 친해지려는 노력을 한다.

그런데 익명성을 더 중요하게 여기고 여전히 혼자 있기를 원하는 사람은 그런 방식을 택하기 어렵다. 이럴 때 작동하는 것이 광장이다. 때론 축구 경기를 함께 보며 대한민국 사람임을 자랑스러워하고 정치적 의사를 표현하거나 혹은 종교적 신념을 함께 공유하는 것을 원하는 마음은 TV를 보거나 인터넷에 댓글을 다는 방식 정도로 만족하지 않는다. 그보다 수십만 명이라는 거대한 수의 사람들이 같은 시간, 같은 장소에 모여 같은 뜻을 갖고 있다는 것을 확인하는 행동을 한다. 이를 통해 얻는 가장 큰 효과는 '나는 이상하지 않아' '나와 똑같은 생각, 감정을 가진 사람이 이렇게 많아' '나는 고립되어 있지 않아'라는 생각의 확인이다.

정자와 달리 광장에 들고 날 때에는 누구에게 인사를 하거나 남의 눈치를 볼 필요도 없다. 익명을 유지할 수 있다. 가기 싫은 자리인데도 억지로 불려와 앉아 있지 않아도 된다. 광장에 모이는 사람들의 뜻에 찬성하거나 함께하고 싶을 때에만 그때그때 가서 조용히 앉아 있다가 집에 가고 싶을 때 빠져나오면 된다. 이를 통해 혼자만의 삶이 줄 수 없는 집단 구성원으로서의 경험을 원하는 때에 원하는 만큼 할 수 있는 것이다.

그래서인지 최근 몇 년 사이에 인기를 얻는 것이 록페스티벌이다. 수만 명의 군중이 2, 3일 동안 여기저기 무대를 옮겨 다니면서 좋아하는 음악을 자유롭게 듣고 즐기다가 돌아가는 것이다. 취향을 관찰당하는 불편함 없이, 이런 취향의 음악을 좋아하는 사람이 나만이 아니라는 것을 확인하고 아티스트와 직접 교감을 나눈다. 음악을 듣다 조금 지친다 싶으면 뒤에 돗자리를 깔고 앉아서 함께 온 친구와 맥주를 마시거나 책을 읽다가, 다시 좋아하는 아티스트의 무대가 시작되면 일어나 움직인다. 이런 느슨한 연결 고리 속에서 소속감과 자유로움 사이를 진자 운동하는 것이 현대 도시인의 마음에서 일어나는 현상이다.

하지만 이것을 자유로움만으로 설명하는 것은 부족하다. 공간이 우리의 마음을 흔든 것이다. 좁은 공간에서 홀로 지내다가 아주아주 넓은 공간으로 나와 내가 평소에 쉽게 보던 사람 그 이상을 보며, 그 많은 사람들과 동질감을 경험하는 것이다. 원칙적으로는 인간의 심리가 먼저이고, 공간은 그것에 맞춰 구성된다. 그런데, 실제로는 그 반대의 경우도 많다. 인간의 심리와 공간은 상호작용을 하고 있는 것이다. 매주 반복되던 촛불 행진이 점점 불어난 이유는 바로 광장이 다른 곳에서는 가능하지 않던 심리적 체험을 하게 해주기 때문이었다.

콜린 엘러드Colin Ellard는 『공간이 사람을 움직인다Places of the Heart』에서 광장의 경험에 대해 수백만 명의 사람들이 모인 곳에 함께 있는 것, 또 그것을 바라본다는 것은 우리의 인식의 지평, 경험과 인지적 예측의 끝을 벗어나는 상황이기 때문에 특별하다고 말한다. 이런 상황에 인간은 경외감을 느낀다. 경외감은 광대함과 순응이라는 두 가지 고유 특성을 포함한다. 머리로 먼저 인식하려 하지만 거부할 수 없는 힘에 압도당하는 광대함을 느끼고 나면 그 자극에 반응해서 기존의 세계관을 조정할 필요를 느낀다. 이는 곧 내가 살아온 익숙한 방식으로는 설명이 되지 않으니 그 방식을 전면 재조정해야 할 근본적 필요성을 깨닫게 된다는 것이고, 이걸 순응이라고 말한다.

평소 갖고 있던 이성의 틀로는 설명할 수 없는 것을 경험했기에 거기에 따라 내 생각의 틀을 근본적으로 바꾸게 된다. 이건 마치 종교적 체험과도 유사하다. 그래서 역사적으로 대성당과 같은 종교 건축물은 그 규모를 평소에 사람들이 일상적으로 체험하는 크기 이상으로 아주 크게 짓는 경향이 있다는 것이다. 이렇게 자기 인식의 틀을 뛰어넘는 광대한 경험을 하고 나면 인간은 어느새 남과 나 사이에 선을 그어 나를 방어하던 자아의 경계를 풀면서 함께한 사람들과의 경계도 무너뜨리는 합일의 순간을 갖게 되며 그로 인해 나라는 존재도 변화된다. 그럼으로써 자신을 자신의 육체를 넘어선 더 큰 존재의 일부라고 인식하고, 궁극적으로는 인간이 가장 두려워하는 죽음에 대한 인식조차도 바꿀 수 있게 된다고 콜린 엘러드는 공간이 주는 광대한 경험의 의미를 설명했다.

이처럼 광장이라는 공간의 경험은 인식의 대전환을 줄 수 있다. 아마도 반복적인 촛불집회가 특별했던 이유는 경외감을 통한 순응 체험을 주었기 때문은 아닐까? 나만 혼자 분노하고, 고립되어 생각을 하고 있는 것이 아니라, 내 상상 이상으로 엄청나게 많은 사람들이 같은 생각을 하고 있다는 합일의 경험을 해보는 것은 내가 오랫동안 가져온 생각의 틀을 과감히 바꿀 순응의 계기가 되기에 충분했으리라 생각한다. 그 어느 곳에서도 해보지 못한 특별한 경험의 순간인 것이다.

조금 더 나아가보자. 사람이 너무 많이 모이다보니 자연히 시선은 위로 올라간다. 사람들이 얼마나 많이 와 있는지 보고 싶다. 그러니 평소와 달리 시선이 위로 향한다. 끝없는 인간의 물결을 확인하며 받는 경외감 체험은 시선을 위로 올리도록 만든다. 이를 통해 평범한 일상에서 순전히 생존하기 위해 행동하고 신체 유지와 보호에만 급급하던 한 개인이라는 틀을 깨고 죽음에 대한 두려움으로 자신을 얽매는 세속의 사슬을 끊는 기회를 갖게 된다고 콜린 엘러드는 설명한다. 시선을 위로 향하고, 더 넓은 시야를 획득하면서 평소와 달리 자신을 더 큰 존재로 느끼고 긍정적 정서와 위안을 느끼게 된다는 것이다.

스탠퍼드 대학 심리학자 멜라니 러드Melanie Rudd는 피험자 한 집단에는 폭포, 고래, 우주 탐사와 같은 경외감을 느낄 만한 짧은 비디오를 보여주고, 대조군에는 거리 행진, 하늘에 색종이 날리기와 같은 인간 세상의 일에 관련된 장면을 보여주었다. 이후의 심리변화를 보니, 경외 체험을 한 집단의 사람들은 주관적 시간이 확장되어 시간이 느리게 가는 것을 경험하고, 남을 돕는 것과 같은 친사회적 행동이 증가했다. 이와 같이 경외감을 느끼는 것을 통해 삶에 대한 생각만 바뀌는 것이 아니라 시간에 대한 인식 지평에도 변화가 일어난다.

여기서 생각해볼 대척점이 청와대와 국회의사당과 같은 전형적인 거대 건축물이다. 이 건물들은 그 앞에 선 사람을 주눅 들게 하고, 경외감을 갖도록 설계되어 있다. 방문자는 그 안에 있는 사람에게 압도당하는 경험을 한다. 그러니 그 큰 공간의 주인은 자신이 자신보다 더 큰 그 공간만큼의 힘을 갖고 있다는 자기인식을 갖기 마련이다. 한 개인이 이런 거대 건축물과 맞서 대등해지기 어려운 이유다. 역사적으로 왕궁이나 신전과 같은 거대 건축물을 짓는 까닭을 권력과 사회질서를 유지, 강화하려는 정치적 의도로 설명하는 것도 같은 맥락이다.

전국 각지에서 모인 수많은 사람들이 자발적으로 만들어낸 경이로운 공간과 그 안에 머문 사람들이 한 체험은 위정자들이 의도적으로 세워놓은 지배자의 거대 건축물에 맞설 힘을 개인에게 부여하고 체험하게 해주는 것이었다. 이제 나약한 개인이 아니라 대등한 힘을 가진

'우리'로 맞설 수 있다는 인식을 하게 된다. 청와대를 수십 만 명의 인간띠로 포위하고, 탄핵을 앞두고 국회를 에워싸자는 의견이 나오는 것은 바로 이런 거대 건축물이 평소에 개인에게 억압의 상징으로 기능하던 것에 대한 본능적인 저항의 표현이었다.

광장 경험이 준 경외감을 통해 순응을 해낸 사람은 이제 근본적으로 다른 마음의 궤적을 갖게 될 것이다. 광화문 촛불집회가 끝났다고 해도, 시민들이 토요일마다 모이는 것을 그만두고 집에 있다고 위정자는 마음을 놓아서는 안 된다. 왜냐하면 광장이라는 경이로운 광대한 공간 경험을 통해 심리적 변화를 얻은 사람이 이미 수백만 명이나 되어버렸기 때문이다. 마음은 내면을 성찰하고 바라보는 노력뿐 아니라, 사람들과 어울리고 숨 쉬는 환경과 공간에 의해서도 변화할 수 있다. 그리고 그 변화는 경우에 따라 극적이며, 오래 지속될 수 있다.

이런 경외감과 순응을 느낄 광대함은 날이면 날마다 오는 것은 아니다. 매일 그런 느낌만 쫓다가 오히려 일상의 감각을 잃어버리고 정신적으로 피폐해질지 모른다. 진자 운동 속에서 사람들은 혼자인 상태를 지켜내면서 또 함께할 수 있는 곳을 일상 속에서 찾아낸다. 바로 카페다. 카페에 앉아 책을 읽고 노트북을 켜놓고 일을 한다. 그렇게 시간을 보낸다. 일반인뿐 아니라 많은 작가들이 자신의 SNS에 작업실 대신 카페에서 일을 하는 사진을 올린다.

나 또한 지금 동네 스타벅스에서 이 글을 쓰고 있다. 주말마다 오는 이 스타벅스에는 내가 항상 앉는 자리가 있다. 그 자리만 쿠션과 등받

이가 있는 의자가 놓여 있다. 누가 그 자리에 벌써 자리를 잡았을까봐 조마조마해하며 문을 열 때가 한두 번이 아니다. 주말 오전에 가기 때문에 대부분 비어 있지만 가끔 누가 앉아 있으면 마치 내 자리를 빼앗긴 것같이 짜증이 난다. 그럴 때마다 미국 드라마 〈빅뱅이론〉에서 셸든이 소파에 자기가 앉는 자리를 정해놓고 아무도 앉지 못하게 하는 마음을 십분 이해하기도 한다. 집에 작업할 책상이 따로 있는데도 내가 카페를 찾듯이 사람들은 주말이나 평일에도 카페를 찾아서 오랜 시간 앉아서 일하기를 즐긴다. 과거에 카페가 사람들과 만나 대화를 하는 곳이었다면 이제는 그 기능을 넘어서 자기 시간을 갖기를 원하는 사람들의 공간이 되었다.

최근에는 동네 로컬 카페와 대형 프랜차이즈 카페를 찾는 사람들의 이용 패턴이 각각 달라졌다. 주인 혼자 운영하는 작은 카페는 분위기가 좋지만 오랫동안 테이블을 혼자서 차지하고 있으면 미안한 마음이 든다. 주머니가 아주 가벼운 학생이 아니라면 일반적으로 사람들이 생각하는 자릿값은 두 시간 정도로 보인다. 그에 반해 스타벅스나 커피빈, 카페베네와 같은 대형 프렌차이즈 카페는 점원이 일을 하고 있고, 매장이 넓어서 오래 있어도 상대적으로 부담이 적다. 그래서 그런지, 일부 카페는 대화를 하는 사람보다 노트북을 놓고 혼자 앉아 있는 사람이 더 많은 경우도 심심치 않게 본다. 이런 곳에서는 서너 명이 들어와 큰 목소리로 대화하고 있다보면 무언의 집단 압력에 밀려 무안해지는 느낌을 받기까지도 한다. 이런 카페 이용 문화도 행동경제학, 업장에 대한 고려, 민폐를 끼치고 싶지 않은 마음 사이의 절묘한 균형 속에 유동적으로 바뀌고 있다.

한국을 방문한 외국인들이 동네마다 카페가 즐비하고 그 안에 사람들이 그득그득한 것을 보고 놀란다고 한다. 많이 생기는 만큼 많이 망하기도 하지만, 연간 1조 원대의 시장으로 성장해 성업을 하는 곳이 바로 도시의 카페다. 이 카페의 테이블은 집, 직장, 학교도 아닌 제3의 중립적 공간이며 철저히 개인적 공간이다. 적당한 음악과 사람들의 대화 소리가 있지만 그것은 시끄러워서 방해하지 않을 정도의 '화이트 노이즈'다. 그 안에서 사람들은 소음이 완전히 차단된 것보다 훨씬 안정감을 느끼고 집중도 더 잘한다. 원룸에서 하루 종일 혼자 고립되어 있는 것보다, 커피 한 잔 값을 내고 앉아 있는 것이 다른 이들과 함께 있다는 안도감과 연대감을 느끼되 서로 섞이지 않고 개인 공간을 유지하는 합리적인 타협점이다. 진부한 표현이지만 흔히 말하는 '군중 속의 고독'을 괴롭게 느끼는 것이 아니라 즐기는 것이다.

만일 혼자 하루 종일 집에만 있다면 이런저런 생각과 앞날에 대한 고민으로 머리가 복잡해지고 생산적인 일을 할 엄두를 못 내기 쉽다. 그러나 적당히 쉬는 동시에 또 적당히 일을 할 수도 있는 공간인 카페에 나와 앉아 있으면 나와 비슷한 처지의 사람들이 여럿 있다는 걸 다시 한 번 확인하면서 자기 일을 해나갈 수 있다. 일종의 '평행놀이 parallel play'와 같다.

놀이는 아이의 발달 과정을 고스란히 반영한다. 아이가 어떤 놀이를 좋아하는가를 관찰함으로써 아이의 발달단계를 알 수 있다. 처음에 아이는 혼자서 논다. 물건을 조작하고 굴려보고 입으로 가져가서 촉감을 느끼는 등, 만지는 것 자체가 놀이가 된다. 그러다가 아이는 점차 친구와 함께 놀기를 원한다. 엄마가 아이를 놀이방에 풀어놓으면 아이는 관심을 갖고 다른 아이를 관찰한다. 그렇지만 서로 상호작용을 하지는 않는다. 다른 아이가 장난감 자동차를 갖고 놀고 있으면 그 자동차와 비슷한 자동차를 가져와서 서로 부딪히면서 놀 수도 있을 것이다. 그러나 그 이전 발달단계에 있는 아이는 그렇게 하지 않고 같은 장난감 자동차를 선택한다고 해도 혼자 굴리고 논다. 그 옆의 아이도 자동차를 굴리고 놀지만 자동차끼리 경주를 하거나, 부딪히는 식으로 상호작용을 하지 않는다. 같은 공간에서 비슷한 놀이를 하지만 각자 노는 것이다. 이것이 평행놀이다. 그렇게 한동안 시간을 보내놓고는 '아! 재미있게 놀았다'라고 여긴다. 서로 오고 간 것이 없는데도 아이는 잘 놀았다고 생각하고, 집에서 혼자서 논 것보다 훨씬 재미있었다고 여긴다.

평행놀이는 상호작용을 하지 않지만 함께 비슷한 놀이를 하는 것 자체를 공유하는 것만으로 즐거움을 느끼는 발달단계의 놀이다. 노트북을 켜놓고 혼자의 시간을 보내되, 자기 집에서 그러기보다 카페에서 여러 익명의 사람들과 상호작용 없이 하는 것, 바로 이것이 현대인의 평행놀이다. 어릴 때 한번 경험해본 것이기에 익숙하고, 또 그 안에서 소소한 즐거움과 안온함을 경험할 수 있다. 이런 놀이적 즐거움 덕분에 도시 곳곳에 있는 카페는 지금도 성업중이다. 혼자 있고 싶지만 혼자만 있기에는 왠지 결핍감을 느끼는 현대인의 마음을 달래주는 덕분이다.

새로운 인사말 "바쁘시죠?"의 의미

—

　　　　　　　"많이 바쁘시죠?" 몇 년 사이 가장 많이 들었던 인사말이다. 이 말을 들으면 뭐라 답할지 난감하다. 내가 바빠 보이는 건 사실이니까. 대학교수라 강의를 하고 논문을 쓰고, 의사라 진료를 한다. 계속 책을 내고, 글도 연재한다. 책도 읽고 영화도 보러 다닌다. 가정도 있는데 어떻게 사는지 궁금할 만하다. 그런데도 "네, 바빠요"라고 답하기 어려운 건 익숙한 삶이라 힘들지 않기 때문이다. 웃으면서 "적당히 지내요"라고 대답하며 속으로 생각한다. '바쁜 게 나쁜 건 아니잖아. 고마운 것이지.' 물론 나도 남에게 같은 인사를 한다. 언제부터인가 서로 얼마나 바쁜지 확인하는 것이 우리의 일상이 되었다.

　생각해보면 원래 우리 사회에서 쓰는 전통적 인사말은 "안녕하세요"와 "식사하셨어요"였다. 두 가지 인사는 슬픈 과거를 반영한다. 전쟁과 난리 통에 밤새 안녕했는지, 밥은 먹고 다니는지를 염려하는 것이다. 죽지 않고 살았는지, 굶지는 않는지 물어보는 게 인사라니, 참 안타까운 일이 아닐 수 없다. 반세기 전만 해도 굶어죽는 사람 천지였고, 난리 통을 수차례 거친 까닭에 살아 있는 걸 감사히 여기는 문화가 만들어진 것이다. 이런 사정을 모르는 외국인들은 처음 우리말을 배울 때 왜 밥 먹었냐고 묻는지 이해하기 어렵다고 투덜거린다.

　그러던 우리나라 사람들이 변했다. 외국의 구호물자에 의존해 연명하던 한국은 '한강의 기적'을 일으키며 OECD 회원국이 되었고, 다른 개발도상국에서 견학을 오는 나라가 되었다. 한때 한국인에겐 적당히 모두 늦은 시간에 올 것을 예상하고 약속을 잡는 '코리안 타임'이라는 것이 있다고 알려졌지만 어느새 한국인 하면 떠오르는 것이 "빨리 빨리"가 될 만큼 효율성을 중시하는 바쁜 국민으로 탈바꿈했다. 5박 6일의 유럽 여행 동안 6개국 10개 도시를 도는 게 이상하지 않은 국민이다.

미국의 생활어사전 『어번 딕셔너리Urban Dictionary』에서는 '바쁘다 busy'를 이렇게 정의한다. "중요해 보이려 하는 것, 그리고 그것에 대해 부끄러워하지 않는 것." 그만큼 이제 우리는 바쁘다는 사실을 통해 사회적으로 살아 있음을 증명한다. 시간에 쫓기는 바쁜 사람은 부러움의 대상이 되었고, 곧 성공한 사람이자 중요한 사람으로 여겨진다. 게으름을 죄악으로 여기는 산업사회에서 바쁜 사람은 존재 자체가 의미 있다. 그는 충실한 삶을 살아가는 사람으로 평가된다. 그래서 우리는 이제 누가 누가 더 바쁜지 경쟁하게 되었다. 현대사회에서 성공한 사람, 혹은 생존해 있는 사람은 바빠야만 한다. 남는 시간 없이 최대한 나를 혹사해야 인정받는 세상이다. 그것은 하물며 전업주부로 아이를 키우는 여성들도 마찬가지다. 시간이 많고, 여유 있게 지내면서 한가한 사람은 루저 아니면 요령이 없거나, 뭘 할 줄 모르는 사람이라는 의미로 읽힌다. 그러다보니 모두가 '바빠야 한다'는 명제 속에서 살아간다.

숨 가쁘게 살다보니 살짝 여유가 생기면 숨통이 트이거나 기분이 좋은 게 아니라 도리어 겁이 난다. 물 들어올 때 노를 저어야 한다고 굳게 믿고 있기 때문에 여유는 빈틈 같은 붕괴의 조짐이라 여겨진다.

더이상 바쁘지 않고 시간이 많아졌다가는 아예 일이 없어지기 쉬운 것이 지금 사회이기 때문이다. 브리짓 슐트Brigid Schulte는 『타임 푸어 Overwhelmed』에서 이런 예를 들었다. 그녀는 실리콘밸리의 장시간 노동을 연구한 사회학자 마리엔 쿠퍼의 말을 빌려 이렇게 비판한다. "하이테크의 세계에서는 너무 빠듯해서 지키기가 불가능한 마감시간을 지키기 위해 쓰러지기 직전까지 일하는 것이 남자다움과 지위를 입증하는 방법이 되었습니다. '저 사람은 진짜 사나이야. 일주일에 90시간을 일한대' '저 사람은 게으름뱅이야. 일주일에 50시간만 일한대'라는 말들이 오간다는 겁니다." 이상적인 노동자의 조건이 어느새 초인의 기준에 근접했다는 것이다. 여전히 많은 직장에서 노동자의 탄력근무, 재택근무 요구를 거절하고, 그런 요구를 하는 노동자를 사내 승진 경쟁에서 탈락시킨다. 이 책에서도 살인적인 근무 시간을 요구하는 유명 로펌의 변호사가 아이와 시간을 보내기 위해 탄력근무를 요구하다가 밀려난 예를 들기도 한다.

주부들도 마찬가지다. 슐트는 미국의 중산층 고학력 엄마들이 전업주부를 하나의 '전문직'으로 만들었다고 말한다. 현재의 워킹맘들은 그들끼리의 리그를 만들어 아이를 얼마나 전문적으로 양육하고 집안일을 잘 해내는가를 놓고 서로 경쟁을 하는 한편, 직장에서는 이상적 노동자에 이상적 엄마란 투잡을 뛰어야 하는 딜레마에 빠져 있는 채로 남성 혹은 비혼 여성과 경쟁하고, 집에서는 전업주부들과 경쟁하며 반복적 좌절을 경험하는 동시에 더욱 시간이 모자라지는 상황에 빠져 있다. 사회 전 영역이 '바쁨 강박'에 빠져 있다. 덕분에 바쁘지 못한 사람은 아무것도 하지 못한다. 바쁜 사람들이 싹쓸이를 해버렸기 때문이다.

'1' 아니면 '0'이다. 그래서 바빠 죽을 것 같은데도 일을 놓지 못하고 자전거 페달을 열심히 밟는다. 이 자전거가 서면 넘어질 테고, 넘어지면 다시 탈 수 없을 거라고 생각한다. 일은 한쪽으로 몰리고 바쁜 사람은 계속 더 바빠지는데 다른 많은 사람들은 자전거에 한번 올라보지도 못한다. 바쁜 이들의 반대쪽에는 잉여의 자조가 넘친다. 언제부터인가 사회가 바빠볼 기회도 갖지 못한 사람과 바빠서 죽을 것 같은 사람으로 양극화된 채 둘 사이에 높은 벽이 쳐지고 있다.

내가 『심야 치유 식당』이란 책을 내면서 "당신의 문제는 너무 열심히 산다는 것이다!"를 카피로 내놓자 일부는 큰 공감을 표현했고, 다른 일부는 이해할 수 없다는 반응을 보여서 놀랐다. "저는 한 번도 바빠본 적이 없어요. 열심히 살아볼 기회가 없었어요"라는 것이다. 한번 트랙 위에 올라탄 사람은 마른 수건을 쥐어짜는 듯한 시스템에 헉헉 대면서 바쁨의 트랙 위를 달려간다. 더 많은 이들은 바빠볼 기회조차 갖지 못한 채 잉여의 세계에서 자조적으로 '헬조선'에 태어난 원죄를 탓하고 있을 뿐이다. 바쁘고 싶지만 바쁜 트랙 안에 들어갈 기회를 얻지 못한 것이다. 그러니 어느 한쪽도 상대 쪽으로 가는 것이 두렵기는 매한가지다. 바쁜 사람들은 한번 팅겨나가면 다시는 그 안에 들어가지 못할 것 같아 무섭고, 다른 한쪽은 달리는 경험을 쌓아본 적 없기에 저렇게 한 달만 뛰다가는 죽을 것 같아 그 트랙 위에 올라갈 엄두를 내지 못한다. 그러니 양극화는 심해진다.

제현주는 『내리막 세상에서 일하는 노마드를 위한 안내서』에서 이런 양극화의 세상에 살아가고 있는 젊은 세대의 딜레마를 "돈을 잘 벌고 싶지만 돈이 아니라면 의미 없을 일을 하고 싶지는 않았다. 배울 것이 있는 일에 구미가 당겼지만 너무 어려워 실패가 뻔한 일은 싫었다"라고 표현한다. 모순투성이라는 것을 인정한다. 바빠보고 싶지만 이왕이면 하고 싶은 일을 하고 싶고, 그 일을 또 잘 해내고 인정받고 싶다. 밥벌이 이상의 의미가 있기를 바란다. 그러나 그게 녹록지 않다는 것도 간접경험을 통해 잘 알고 있다. 또 좋아하는 일을 찾지 못해, 좋아하는 일을 더 잘하지 못해 슬퍼지고, 일이 곧 자기 자신인 사람 앞에서 초라함을 느낀다고 한다.

또 이렇게 말한다. "우리는 의미 있는 일을 하고 싶지만, 일과 내 삶을 동일시하고 싶진 않다. 우리는 좋은 사람들과 일하고 싶지만 함께 일하는 동료와 모든 것을 나누고 싶진 않다. 우리는 놀듯이 일하고 싶지만 놀이 대신 일을 하고 싶진 않다. 이 사이 어디쯤에서 내가 원하는 일하는 방식을 규정하는 것, 자신에게 좋은 일이 무엇인지 스스로 끊임없이 고민하는 것, 그것이 일할 수밖에 없는 우리가 행복해지는 방법이다." 아는 게 병이라고 해야 할까? 동시에 두 가지를 다 취하고 싶으면서도 사실 한 번도 바쁨의 라이딩riding에 참여해보지 못해 자신을 잉여로 규정하는 것이 현실이다. 바쁘고 싶은 마음과 동시에 이렇게 살다가는 죽어버릴 것만 같은 헉헉거림 사이에서 어느 쪽에 서야 할지 괴롭다. 의미 있는 일을 하고 싶고 돈의 노예가 되고 싶지는 않지만, 동시에 남들보다 일을 잘한다는 칭찬을 듣고 좋은 직장을 가졌다고 부러워하는 시선을 받고 싶기도 한 마음을 부정할 수 없다. 그 사이 어딘가에 우리는 서 있어야 하는데 가운데 머물러서 균형을 잡고 있기를 사회는 용납하지 않기에 가랑이가 찢어지기 직전인 것이 현실이다.

5

마음의 싱크홀
도처에서 생겨나는 불안

도시 한복판의 큰 길에 갑자기 구멍이 생겼다. 작은 균열 정도가 아니라 차가 빠질 정도로 큰 직경 수 미터의 구멍이다. 근처의 지하철 공사로 인한 지반 침하가 원인이다, 지하 수맥의 변화가 원인이다, 의견이 분분하지만 뚜렷한 이유는 모른다. 표면 한참 밑의 변화로 인해 지면의 한 부분이 쑥 꺼져버린 것, 이를 싱크홀이라고 한다. 우리의 마음에도 이런 싱크홀이 생기고 있다. 열심히 살아가려 노력하고, 어떻게든 균형을 잡아보려고 진자 운동을 해보지만 속에서

곪고, 흔들리고 썩어가다보면 어느 순간 푹 꺼지는 곳이 생긴다. 그것도 마음 도처에서 말이다.

꿈과 희망이 뭐예요?

—

2016년 6월 18일, 서울을 제외한 전국 16개 시도에서 지방직 9급 공무원을 선발하기 위한 필기시험이 있었다. 1100여 명을 선발하는데 무려 21만 명이 응시했다. 지역별로는 대전이 32.3대 1로 가장 높았다. 20대가 62퍼센트로 가장 많았지만 50세 이상 지원자도 1036명으로 적지 않았다. 지역 제한이 없는 서울시 9급 공무원의 경우는 더하다. 1586명 선발에 132,843명이 지원해 평균 경쟁률이 83.8대 1이었다. 공시가 대세다. 원래 공무원 직급 체계는 9급은 고졸 정도, 7급은 대졸, 5급은 그 이상의 전문성을 요구하는 학력과 경력을 필요로 하게끔 설계되었다고 들었다. 변호사 자격증이 있는 경우 보통 5급 대우를 받는데, 일부 지자체에서 7급 대우로 선발 공고를 냈다가 변호사 단체의 강력한 반발을 받아 지원자를 찾지 못한 일이 이슈가 되기도 했다. 그러나 최근 9급 공무원의 위상은 전과 사뭇 다르다. 뉴스에 보도된 바에 따르면 소위 스카이SKY 대학 출신이나 유학파까지도 9급 공무원에 지원을 하고, 대기업에 다니다 그만두고 3년을 준비해서 30대 중반에 공무원이 된 사람이 3000만 원이 채 안 되는 급여를 받으면서도 큰 만족을 표현한다고 한다.

이게 도대체 어떻게 된 일인가? 공무원 시험에 지원하는 사람들이 이구동성으로 꼽는 지원 동기가 '안정성'이다. 정년과 지위가 보장되는 자리와 삶의 여유에 대한 욕구가 그 어떤 다른 보상, 성공, 성취, 사회적 존경보다도 우위를 차지해버린 지금이다. 이런 확고한 흐름이 형성된 것은, 미래가 예측할 수 없을 정도로 불안하니 안전의 확보가 그 무엇보다 중요하다고 생각하게 할 만큼 곳곳에서 위험한 징후들이 나타난 덕분이다.

인간 행동은 두 가지 동기에 의해 결정된다. 하나는 좋은 것을 갖고픈 욕망 또는 호기심에 자발적으로 움직이는 것이고 또하나는 위험한 것을 피하고 안전을 추구해 생존을 도모하려는 것이다. 풍요롭고 안전하며 예측 가능한 환경이 주어질 때에는 전자의 동기가 우선시된다. 반면 그렇지 못한 환경에서는 모험보다는 안전을 우선시하는 선택을 한다. 모험을 해서 그나마 갖고 있는 체력을 소모하기보다, 갖고 있는 체력을 최대한 오랫동안 유지하는 것이 생존 확률을 높인다. 선택은 안전과 예측 가능성을 최우선 기준으로 삼는다.

이런 결정을 내리는 곳은 뇌의 편도라는 곳이다. 여기서는 '위험-안전' '좋음-싫음'만 직관적으로 결정한다. 오랜 경험 속에 데이터들이 차곡차곡 축적되다가 한 번에 결정을 내린다. 일단 결정을 내리고 나면 '왜'는 전두엽이 담당한다. 이런 투 트랙two track 전략을 세우는 이유는 충분히 심사숙고해서 이유까지 제대로 갖춰진 보고서를 만들고 있다가는 매우 위험한 상황에서 재빨리 적절한 대처를 할 수 없을 가능성이 있기 때문이다.

여기에는 사회적 관계망도 큰 영향을 준다. 인간은 분위기에 영향을 많이 받는 존재다. 집단이 하는 행동을 따라가는 것이 일단 안전하다는 것을 인류는 수만 년의 집단생활을 통해 익혀왔다. 수풀에서 평화롭게 풀을 먹는 가젤들이 있다. 푸득 소리에 한 마리가 뛰기 시작하면 나머지 가젤도 일단 뛰기 시작한다. 실제로 사자와 같은 맹수가 나타난 것이 아니라고 해도 남들이 뛸 때 나도 같이 뛰는 게 낫다. 백 번 중에 한 번은 진짜 맹수가 출현하는데 이를 모르고 넋 놓고 풀을 뜯어먹다가는 죽는다. 그걸 한번 보고 나면 일단 남들이 뛸 때 같이 뛴다.

어른들은 천방지축 아이들에게 누누이 말해왔다. "남들만큼만 해라." "딱 중간만 해라." 무리에서 떨어진 가젤은 쉽게 맹수의 먹이가 된다. 그래서 우리는 남이 뛰면 같이 뛴다. 인간이기 이전에 동물이다. 거래하는 은행의 신용 등급이 하향조정되었다는 소문이 돌면 돈을 인출해내기 위해 사람들이 달려간다. 지급 준비율 이상의 현금이 인출되면 실제로 은행은 도산을 할 수 있는데, 이를 뱅크런bank run이라고 부른다. 몇 년 전 일부 저축은행에서 벌어진 일이다. 이렇게 주변 분위기는 인간의 판단과 행동에 큰 영향을 준다. 이는 사회심리학자 솔로몬 애쉬Solomon Asch가 내놓은 동조현상conformity, 집단극화group polarization 심리 등의 이론과 실험을 통해 여러 번 입증이 됐다.

특히나 우리 사회는 균질성homogeneity을 추구하는 면이 크다. 남들이 뭘 하면 나도 그걸 해야만 한다고 여긴다. 인구가 5000만 명인 나라에서 터졌다 하면 1000만 관객을 돌파한 영화가 나오고, 시청률 40퍼센트대를 기록한 국민 드라마가 탄생한다. 인터넷과 SNS의 발달로 정보는 순식간에 온 국민에게 퍼진다. 뉴스에서 아직 보도되지 않은 사건의 후일담이 몇 시간 안에 '지라시'의 형태로 공유된다. 그런 나라에서 집단의 쏠림은 매우 강하게 발생한다. 집단의 균질성이 높고 정보의 공유가 빠르니, 한번 방향성을 가지면 그쪽으로 쉽고 빠르게 쏠려 집단 전체가 움직인다. 중간에 "저는 아닌데요"라고 손들고 이의를 제기하는 사람은 거대한 코끼리 무리에 밟혀 바로 파묻히기 십상이다.

지금 공무원이 되기를 갈망하는 흐름은 이 두 가지 요소가 크게 작용한 것이라 생각한다. 미래를 온전히 그리기 어렵고, 현재도 안전하지 않다고 여길 수밖에 없는 근거들이 많이 보인다. 내 생각만 그런 게 아니라 주변의 대부분의 목소리도 그러하며, 보고 듣는 것들이 가리키는 증거들도 그러하다. 그러니 과감히 모험을 하기보다 안전을 도모하는 쪽이 훨씬 이성적이고 합리적인 선택이 된다. 해보고 싶은 것에 도전하려고 하면 뇌에서 바로 경고음을 내는 데 반해서, 안전을 지향하는 선택을 하면 그런 저항이 없다.

그런 사람이 점점 많아질수록 안전한 몇 자리에 대한 경쟁은 더욱 치열해질 수밖에 없고, 위에서 밑으로 경쟁력을 가진 사람들이 흘러내려온다. 그 결과 9급 공무원까지 상위권 대학의 졸업생과 유학생이 자리를 차지하고, 이로 인해 상대적 피해를 보는 무리가 생긴다. 그 자리는 한 세대 전만 해도 그들에게 적합한 일자리 중 하나였는데, 이제는 처다보기 힘든 수준의 자리가 되어버렸다. 이는 사회 전체로 볼 때 그리 좋은 현상은 아니다. 밑에 남겨진 소수에게는 안전판도 없고, 롤 모델도 없고, 지향점도 없는 그런 사회가 되어, 자칫 울분, 분노, 절망이 쌓일 가능성이 있다.

경쟁 속에 안전판을 찾아 하향 지원을 하는 사람들도 썩 즐겁지만은 않다. 그들이 지원하는 일이 큰 성취나 전문적인 역량을 요구하는 것이 아니기 때문이다. 거기에 자기와 같은 일을 하는 윗사람의 역량이나 학력이 기대 이하이거나 일부 비합리적인 일들을 경험할 때마다 '내가 왜 여기에 있지'라는 자괴감을 느낄 수도 있다. 어느 방향이나 해답이 없다. 헬조선의 헬hell은 바로 이런 뜻이다. 어느 방향으로 튀어도 도망갈 구멍이 안 보이는 곳이 바로 지옥이다.

그러고 보니 요새 나를 찾아오는 10대 청소년이나 20대 청년 중 "장래 희망이 뭐예요?" "꿈이 뭐지요?"라는 질문에 나름의 자기 의견을 말하는 사람을 보지 못했다. 내가 어릴 때 친구들은 〈로보트 태권V〉의 영향으로 로봇을 만드는 공학 박사가 되겠다고도 하고, 호기롭게 대통령이 되겠다는 친구도 여럿 있었다. 중고생이 된다고 꿈이 사라지지는 않았던 것 같다. 그런데 왜 요즘의 젊은이들에게서 꿈과 희망은 멸종된 도도새와 같이 찾아보기 어려워진 것일까?

이 현상도 지금의 트렌드와 밀접한 연관이 있다. 사회학자 엄기호는 한 강연에서 이렇게 말했다. "우리는 자아실현의 이름으로 자아를 파괴하고 있다. 그러니 제발 아이들에게 '꿈이 뭐냐?'고 묻지 마시라. 옛날에는 이런 질문을 던지는 데가 별로 없었다. 그러나 지금은 사방

팔방에서 꿈을 묻는 시대다. 부모나 교사가 쿨한 척 꿈을 물어볼수록 아이는 더 괴로워진다. '내가 너무 지질한가?' 싶어서다. 오죽하면 수업시간에 '꿈 같은 거 안 찾으면 안 돼요?'라고 묻는 친구들도 있다. 그럼 나는 이렇게 답한다. '안 찾아도 돼. 이번 생에는 안 되나보지 뭐.'"

꿈과 희망이 있는 것은 당연한 일이고, 희망이 없으면 삶의 방향도 없다고 철석같이 믿으면서 살아온 중년 이상의 세대가 보기에는 당황스러운 일이다. 'Dreams come true' '아메리칸 드림'이 심심치 않게 실현되는 것을 보면서 살아온 사람들이다. 아무리 힘들더라도 꿈을 잃지 말자고 서로를 도닥이면서 힘든 시절을 버텨왔다. 공기와 같이 자연스럽게 호흡하는 것이 꿈과 희망이었다. 그러니 '꿈과 희망'을 생각해본 적도 없고, 그런 생각을 하는 것 자체도 사치라고 여기고, 그저 오랫동안 안전한 삶이 지속되기만을 바라면서 최선의 선택은 공무원이 되는 것일 수밖에 없다며 필사적으로 노력하는 지금 세대의 모습이 당황스러울 수밖에 없다.

지난 세대에게는 발전의 기회가 있었다. 전쟁으로 폐허가 된 국가가 압축 성장을 하면서 빠른 속도로 발전해나갔다. 그 큰 흐름에 승차를 한 세대는 조금만 노력해도 많은 것을 성취할 기회가 있었다. 1997년 외환 위기와 2007년의 금융 위기를 거치면서 한국 사회는 버텨내는 데에는 성공했지만 사회 구조에도 많은 변화가 일어났다. 사회는 촘촘해지고, 발전은 마치 변곡점의 한계에 다다른 것 같은 상태가 되었다. 과거와 달리 노력을 한다고 그만큼의 결과를 얻어내기가 어려운 것이다. 평지에서 차의 엑셀을 밟으면 속도가 나지만, 경사가 급한 언덕을 올라갈 때는 속도가 나지 않는 것처럼, 지금 우리 사회는 올라올 만큼 올라온 언덕 꼭대기 근처에 있는 것과 같다. 그런데도 성취의 경험이 있는 세대는 젊은이들에게 '노력이 부족'하다고 비판한다. 그래서 젊은이들은 '노오오력'이란 말을 한다. 어른들을 비꼬면서.

노력만 하면 다 되는 게 아닌 세상이다. 열심히 최선을 다하면 그 이상의 것을 얻기는커녕, 본전을 건지기도 어려운 것이 지금의 세상이다. 그러다보니, 위험을 안고 베팅을 하는 것은 엄두가 나지 않는다. 오직 안전과 지속 가능성이 유일한 목표가 된다. 속을 모르는 사람들은 "젊은 놈들이 패기가 없다"고 한다. 그러나 몇 번 버틸 판돈도 없는 사람에게 별 패도 없는데 매번 돈을 걸어보라고, 인생은 모 아니면 도니까 패기 있게 몸을 던져보라고 하기 힘들다. 크게 성취하는 짜릿함도 좋지만, 그보다 먼저 삶이 지속될 수 있는 구조가 만들어져야 하는데 그것조차도 간당간당하고 엄청나게 노력해도 얻을까 말까다.

지금 청년들의 삶의 전략은 이전 세대와 많이 다르다. 더이상 꿈과 희망을 위해 모험을 떠나는 만화 속 주인공으로 살기 어렵다. 밖에서 보면 패기가 없고, 무기력해 보일 수 있다. 그러나 실제로는 생존을 위해 불필요한 베팅을 하지 않고, 에너지를 비축하고, 안전 지향적 선택을 하는 것일 뿐이다. 외부 환경이 썩 우호적이지 않기에 일차적으로 생존과 안전을 택한 까닭이다. 그들은 먼 미래를 보면서 지금의 고통을 참기보다 현재의 안위를 걱정하며 땅을 보고 뚜벅뚜벅 걸을 뿐이다. 제발 지쳐 쓰러지지 않은 채 다음 보급지까지 도착하기만을 바라면서.

세상과 벽을 쌓았어요: 히키코모리 혹은 은둔형 외톨이
—

"띠리릭." 문이 닫히는 소리가 났다. 이제 모두 나간 것이다. 원일은 자기 방에 누워서 식구들이 하나둘 나가는 소리를 듣고 있었다. 엄마까지 나간 것을 확인한 원일은 그제야 방문을 열고 나왔다. 사실 화장실을 가고 싶었는데 오랫동안 참고 있었다. 소변은 방에서 페트병에 보지만 대변은 그러지 못하기 때문이었다. 부엌에 가보니 엄마가 차려놓고 나간 음식이 식탁 위에 있다. 밥을 먹고 나서 잠깐 베란다 밖을 보니 놀이터에서 어린 아이들이 놀고 있는 것이 보인다. '나도 한때 저럴 때가 있었지' 하는 마음이 들기도 했다. 그러나 이미 너무 멀리 와버린 것 같았다. 저 멀리 학교 운동장에서 아이들이 뛰노는 소리가 들린다. 시계를 보니 얼추 엄마가 돌아올 시간이 된 것 같아 다시 방으로 들어간다. 컴퓨터를 켜고 앉았다. 재미가 있는 것은 아니지만 게임을 하는 것이 그나마 시간을 가장 잘 보낼 수 있는 일이다. 아이디와 패스워드를 입력하고 게임을 시작한다. 세상과 담을 쌓은 지 오늘로 2년 4개월 2일째다.

일본어로 '히키코모리引き籠もり', 한국에서는 '은둔형 외톨이'라고 불리는 원일의 하루 중 일부다. 나는 진료실에서 원일과 같은 사람들을

많이 만난다. 물론 진료실에서 처음 만나는 것은 그들의 부모다. 증상은 처음에는 등교 거부로 나타난다. 이르면 중학생, 일반적으로는 고등학생 때부터 한두 번 하던 결석을 상습적으로 지속하다가 결국 자퇴를 한다. 20대의 경우는 군대까지는 갔다 오는데, 이후에 복학을 하지 않고 집에서만 지내는 경우가 많다. 처음에는 지쳐서 그러는 것으로 여기고 지켜본다. 초기에는 학교에 가지 않을 뿐 식구들과 대화도 하고 밥도 함께 먹는다. 그러나 시간이 지나면서 점차 외출도 하지 않고, 방에 머무는 시간이 늘어난다. 가족의 인내가 한계에 다다르면서 등교나 사회생활을 권하는 횟수가 늘어나지만 그에 비례해서 방에 머무는 시간은 급증한다. 어느덧 최소한의 위생 관리도 하지 않고, 가족과도 마주치지 않기 위해 낮밤이 바뀐 생활을 한다. 학교는 이미 자퇴 처리가 된 지 오래다.

하지만 아이가 이 단계에 이르러도 가족은 손을 쓸 도리가 없어 아이 스스로 정신 차리고 문을 열고 나오기를 기다리면서 그냥 그대로 방치하기 일쑤다. 그렇게 몇 달이 가고 1, 2년이 지난다. 저렇게 사는 게 '정신과의 도움을 받는 것'보다 낫다고 여긴다. 부모의 자존심이 자식의 정상적 삶보다 더 중요하다. 친척들에게는 외국에 갔다고 둘러대는 경우도 많다.

은둔형 외톨이나 히키코모리를 진단하는 기준은 비슷하다. 최소 3개월에서 6개월 이상, 집에서만 생활하고 사회 참여 활동은 전혀 하지 않는다. 친구는 없거나 하나다. 은둔 상태에 대한 불안이나 초조가 없으므로 사회 공포증과는 감별이 된다. 또 망상이나 환청과 같은 증상이 나타나는 조현병에 의한 것도 아니다. 이렇게 기존의 정신질환에 의한 것도 아닌데 사회적 관계에서 완전히 철수한 생활이 삶의 한 패턴으로 굳은 사람을 은둔형 외톨이 혹은 히키코모리라고 부른다.

신기한 것은 이런 정신 병리 현상이 사회적 관심의 대상이 되고, 의학적으로도 연구 가치가 있을 만큼의 사례가 모이는 곳이 현재로서는 한국과 일본이라는 것이다. 일본과 한국의 문화적 공통성, 사회경제적 상황의 교집합이 기묘한 시너지 효과를 내면서, 경제적으로 비슷한 수준의 미국이나 유럽과도 다르고, 또 문화적으로 비슷한 중국이나 동남아시아에서도 보기 힘든 병리적 현상이 발생한 것이다. 일본 내각부 통계에 따르면 일본의 경우 2015년 기준으로 약 54만 1000명 정도가 히키코모리일 것으로 추산하고 있다.

일본에서 히키코모리가 처음 관심의 대상이 된 것은 1990년경부터다. 당시 방송국과 신문에서 이를 특집 보도하면서 알려지기 시작했다. 처음에는 학생의 등교 거부를 중심으로 보도했으나 이후 청년층 중에도 히키코모리가 굉장히 많은 것으로 조사되면서 이것이 오직 학교와 청소년만의 문제가 아니라는 것이 밝혀졌다. 학교뿐 아니라 사회 진출에 실패한 일부 젊은이들이 집에만 머물며 지내다가 어느 순간 이후로 사회적 기능이 퇴화하여 더이상 기능을 하기 어려운 상황이 된 것이다.

히키코모리가 한국과 일본에서 특히 많이 발견되는 이유에 대해 학자들은 "가정 내 애착이 강하다"는 점을 들고 있다. 가족끼리의 결합이 상대적으로 강하고, 가족 밖과 안의 구별이 강하다. 그러다보니 가족 안에서 모든 문제를 해결하려고 노력하고, 자식이 가족 밖 세상에서 적응을 하지 못하면 밖에서 죽으나 사나 해결하게 하기보다, 어떻게든 집 안으로 데리고 들어와 품어주면서 다시 힘을 내서 나가기를 바란다. 팔이 너무 안으로 굽어버려서 어느 순간부터 펴지지 않는 것이다. 더욱이 체면을 중시하는 문화가 있어서 아이의 문제를 외부에 노출해서 도움을 청하는 것을 꺼린다.

일본에서 일어나는 각종 사회 현상이 한국에서는 약 20년 정도 후에 비슷하게 나타난다고 알려져 있는데, 이는 아마도 한국이 일본의 경제 발전 궤적을 비슷하게 따라가고 있기 때문일 것이다. 그런 면에서 은둔형 외톨이가 형성되려면 이를 뒷받침해줄 물리적 환경이 필요할 거라는 생각이 들었다. 그것은 바로 '자기 방'이다. 자기 방이 없다면 은둔을 할 곳이 없다. 가족들이 모두 방 한 칸짜리 집에서 살거나, 형제와 방을 함께 쓴다면 은둔을 오랫동안 하면서 자기만의 세상 안으로 침잠할 수 있는 물리적 여유가 없다. 그런데 어릴 때부터 자기 방을 갖고 자라난 사람들은 침잠해서 들어갈 물리적 장소를 갖고 있다. 부모 세대가 지닌 물적 토대가 있다는 점도 20대 이후에도 여전히 사회에서 고립된 채, 벽을 쌓고 자기 세계 안으로 들어가 있을 수 있는 기반이 된다.

과거 세대는 부모가 연로해지고 나면 더이상 먹고살 수 없기 때문에 어떻게든 자식이 돈을 벌어야 했다. 안 그랬다가는 온 가족이 굶어 죽었다. 그러나 지난 한 세대 동안 우리 사회는 경제적으로 많이 발전

했다. 그 세대는 사회 팽창기에 어느 정도 부를 축적하고 중산층이라고 불릴 만한 여유를 획득했다. 그런데 그들의 자식 중 일부는 부모가 바라는 삶을 살지 못하고, 경쟁의 트랙에서 튕겨져나와버렸다. 전쟁 같은 경쟁에서 밀려나 집으로 돌아온 아이를 부모는 품는다. 눈을 낮추거나 기대 수준을 내려서 현실적인 수준에서 삶을 살아가도록 도우면 좋으련만 부모도 그러지 못하는 데서 비극은 탄생한다.

부모는 "모든 걸 다 내려놓았어요"라고 하지만 사실 내려놓지 못하고, 자식도 '나는 이런 일은 할 수 없어'라고 여긴다. 차라리 아무것도 하지 않는 것을 선택한다. 그럴수록 자식과 부모 사이의 결합은 더욱 강해진다. 부모는 그들을 철저히 사회로부터 가려주고 보호하며, 자식은 한편으로 "이렇게 된 것은 모두 당신들이 잘못된 선택으로 나를 잘못 키운 탓이다"라고 원망하면서도 그렇다고 집을 나서서 홀로서기를 하지는 않고 그대로 거기에 머무른다. 그렇게 시간이 간다. 다행히도 부모는 중산층으로 모아놓은 재산과 집이 있기에 그들이 그렇게 멈춘 상태로 있어도 먹고사는 것 정도는 가능하다. 그렇게 부모와 자식은 판타지의 세계에서 각자 자기식대로 머무른다. 의기투합을 한 부분은 오직 '세상과 벽을 쌓고 현실을 마주보지 말고 부정하자'는 것이다. 이것이 은둔형 외톨이가 생기는 핵심 기제라고 생각한다.

문제는 이런 현상이 한번 정착되고 나면 쉽사리 해결되지 않는다는 것이다. 이를 일본의 예에서 찾을 수 있다. 히키코모리가 중장년이 되면서 생기는 문제들이다. 일본 아키타 시에서는 대학을 졸업한 장남이 30년간 아버지의 연금에 의지해 살아왔지만 이를 보다 못한 78세 아버지가 50세 장남을 야구방망이로 때려죽이는 일이 발생했다. 2010년에는 66세 어머니가 28세 이후 히키코모리 생활을 해온 36세 아들을 죽이고 자살해버린 사건도 있었다. 히키코모리로 살던 자녀가 40~50대가 되고, 부모가 연로해지면서 더욱 심각한 문제가 되어가고 있는 것이다. 80년대 후반에서 90년대 초반에 중고등학교를 관두고 부모 집에서 생활한 이들이 30대 중반이 되었다. NHK의 2011년 2월 3일 방송에 따르면, 일본 내각부 조사 결과 30대가 전체 히키코모리의 63퍼센트를 차지하고 있다고 한다. 2014년 일본 시마네 현에서 발표된 '히키코모리에 대한 실태 조사 보고서'에 따르면 은둔형 외톨이의 평균 연령은 31.61세, 최고령은 51세고, 은둔형 외톨이로 생활한 기간도 평균 10.21년에서 최장 34년에 이른다. 우리는 일본보다 20년쯤 늦게 가니까, 아마도 10년 후부터는 히키코모리가 속속 생길지도 모를 일이다.

그러니까 이 문제는 "잠시 그러다가 말겠지"라고 여길 일이 아니다. 일본과 한국은 사회경제의 발전 수준, 문화적 특성, 가족의 강한 애착과 결합력, 체면을 중시하는 문화, 온정주의적 사고방식이 많은 면에서 비슷하다. 그리고 그런 요소가 복합적으로 얽혀 젊은이들이 스스로 세상과 담을 쌓게 만들었고 이것이 고착화된 것이다. 지금으로서는 어느 날 그들이 대오각성을 해서 "아, 이제 세상으로 나가봐야지"라고 생각하고 방문을 열고 나오기를 기대하는 것은 편의점에 들어가서 로또를 사면서 1등 당첨을 바라는 것이나 진배없는 일이다. 오늘도 몇 명의 사람들이 방문을 닫고 자기 방 안으로 들어갔다. 그리고 그들은 언제 다시 세상으로 나올지 기약하지 않은 채 갖고 있던 그나마의 능력치도 자연 퇴화시키며 서서히 자기만의 심연으로 가라앉고 있다.

사이버 공간에서 길을 잃다

게임에 빠져 학교를 안 가 유급하게 생겼다고, 어머니가 10대 아들을 입원시켰다. 컴퓨터를 못하게 하면 금단증상으로 괴로워하면서 난리를 칠 줄 알았는데 웬걸, 그냥 침대에 누워만 있었다. 며칠이 지나 아이가 말을 하기 시작했다. 게임이 얼마나 재미있기에 학교도 가기 싫었느냐 물었다. 재미있어서 한 것은 아니었단다. 할게 없어서 했을 뿐이었다는 것이다. 수업이 재미없고, 학원에 가도 무슨 말을 하는지 쫓아가기 어려웠다. 공부를 해봤지만 성적이 생각만큼 오르지 않아 학원도 그만뒀다. 그러다가 어느 날 "나 오늘 학교 안 가!"라고 큰소리로 선언하고, 집에만 있게 되었다.

게임의 중독성이 너무 강해 헤어나지 못하게 된 것이 아니라, 현실이 재미없고 짜증나는 일만 있기에 거기서 벗어나기 위해 게임을 선택한 것이다. 현상적으로는 게임 중독이라고 할 수도 있지만 속내를 보면 '현실 도피' '현실 탈락'이었다. 사실 성실한 생활을 하는 10대들은 게임을 하고 싶어도 할 시간이 많지 않다. 친구들과 어울려 고작 한두 시간을 하고, 어쩌다가 주말에 서너 시간을 할 뿐이다. 이에 반해 많은 시간 게임에 몰두하는 아이들은 여러 이유로 생활이 잘 관리되지 않는 상황인 경우가 일반적이다.

제인 맥고니걸은 『누구나 게임을 한다Reality is Broken』에서 게임 세계는 현실 세계와 달리 노력한 만큼 보상이 있는 공평함이 특징이며, 실패를 하더라도 다음 기회를 주기 때문에 즐겁게 받아들일 수 있다고 설명했다. 공정한 규칙 안에서 긍정적 피드백을 받으니, 적당히 어려운 수준의 과제에 대해 결국 해결해내리라는 낙관적 기대를 갖고 몰입하게 한다는 것이다.

하지만 현실은 암울하다. 나름 꽤 오래 노력을 하지만 만족할 만한 성취감을 느끼기란 쉽지 않다. 1등만 아는 더러운 세상이고, 나머지는 '열등'이다. 내신 관리가 안 되면 아무리 수능을 잘 봐도 소용이 없고, 한 번만 시험을 잘못 봐도 상위권 대학은 포기해야 한다. 무언가에 몰입할 때 사람은 살아 있다는 것을 최대로 느끼고 삶을 즐길 수 있다. 그러나 현실에서는 몰입할 기회를 얻기보다 열등감과 좌절감을 느낄 일이 더 많다.

사회는 4대 중독의 하나로 게임을 꼽는다. 하지만 내 생각에 술, 마약, 도박 다음으로 게임을 꼽는 것은 4대라는 구색을 맞추려는 강박의 소산이라는 생각이 들기도 한다. 일부 학자들은 인터넷 게임 질환이 미국의 정신질환분류체계인 DSM-5의 연구 진단 기준에 들어갔다는 것을 강조하면서 이것은 진짜 심각한 문제라고 주장한다. 그러나 내 개인적 경험으로는 게임 중독을 국가 통계 항목에 넣고 인터넷 중독

치료만을 위해 수만 명의 상담사를 양성해야 할 정도로 실제로 게임 중독의 유병률이 높다고 생각하지 않는다. 한 번의 사용만으로도 중독이 될 확률이 높아야 중독성이 있다고 하는데, 게임은 그렇지 않다. 그보다 중요한 것은 현실의 삶이 재미있어지는 것이다. 게임 자체가 중독성이 있다기보다 사회가 재미없어서 그냥 거기에 머무르는 경향이 더 크다는 것이 문제인 경우가 훨씬 많은 것이다.

아이를 위해 정작 필요한 것은 게임이 얼마나 위험한지 깨달아 끊게 만드는 것이 아니라 아이가 현실에서 즐길 수 있는 것, 몰입할 수 있는 대상을 찾아 현실 세계도 재미있을 수 있다는 것을 몸으로 느낄 수 있게 도와주는 것이다. 현실을 재미있게 느끼도록 해주려면, 현실에서 튕겨나가게 만든 문제를 찾아내 해결하는 것이 우선이다. 게임이란 부풀어오른 풍선의 튀어나온 한 부분일 뿐이다. 무작정 게임을 못하게 위에서 누르면 풍선의 다른 곳이 튀어나올 뿐이다. 부푼 풍선의 바람을 빼는 일부터 해야 한다.

2001년에 광주의 한 중학생이 PC게임과 인터넷에 푹 빠져 있다 현실과 가상 세계를 구별하지 못해 친동생을 살해한 사건이 있었다. 아이의 부모님은 야식집을 운영하며 열심히 일을 하는 평범한 가정이었다. 일상도 또래들과 크게 다르지 않았다. 학교와 학원을 꼬박꼬박 다녔고 반항이나 일탈 행위의 흔적은 없었다. 집에 오면 동생과 TV를 보거나 컴퓨터 쟁탈전을 하고, 밤새 인터넷을 하다 학교에서는 졸기도 하는, 주변에서 흔히 볼 수 있는 그런 아이였다. 하지만 아이는 하루하루가 외롭고 지루했다. 아이가 외부 세계와 의미 있는 소통을 한다고 느끼는 것은 게임 게시판에서 게임에 대한 팁을 알려줄 때뿐이었다. 현실 세계는 그런 의미나 존재감을 주지 못했다.

그래서 다양한 시도를 하게 되었다. 홈페이지에 일기장을 올려 하루하루를 공개해보기도 하고, 사이버 공간에서 사람을 사귀려 노력을 했다. 시간이 지나며 문방구용 칼로 망설임 끝에 손을 긋고, 가랑이를 찢는 운동을 땀을 흘려가며 하기도 했다. 이는 신체에 가해를 함으로써 자신의 존재를 확인하려 한 것으로 해석할 수 있다. 심리적 자아 정체성이 약한 사람들이 자해, 문신, 피어싱 등을 함으로써 신체에 통증, 감각적 자극을 줘 존재감을 확인하려는 심리와 유사하다.

'좀비'라는 아이디를 쓰던 아이는 2월부터는 '사마귀'라는 사이버 공간의 분신을 만들어 좀비와 사마귀의 대화 형태로 자신의 이야기를 하기 시작한다. 자신을 그저 생동감 없이 움직일 뿐인 존재라 느껴, 분신을 만들어 대화를 나눠야 할 정도로 아이의 내면은 외롭고 공허했던 것이다. 소아기의 아이들은 인형이나 동물이 마치 살아 있다는 듯 이들과 대화를 나눈다. 그러다 점차 외부의 대화 상대를 내재화하며 성숙한 사고 체계를 발달시켜간다. 10대 청소년기의 아이가 사마귀라는 분신을 만들어 대화를 나누었다는 것은 그의 정신세계가 소아기로 퇴행할 정도의 어떤 심리적 어려움에 처해 분신과 대화를 해야만 안정감을 느낄 수 있었다는 것을 뜻한다. 사마귀는 좀비에게 '살인하지 마라, 미친놈! 정신 차려라' 하면서 현실 감각을 자꾸 일깨워주는 역할을 했다. 하지만 좀비는 자기 마음 안에 있던 현실의 표상인 사마귀를 분리시킨 후 살인을 저질렀다. 왜 그랬을까? 아이가 원래 충동적이고 공격적이라서? 학교와 가정에서 별다른 문제없이 조용한 학생이었으니 이는 아닐 것 같다.

수많은 외로운 게임보이들이 이 신세계에서 현실 세계가 주지 못하는 안락감과 존재감을 느끼고 있다. 현실 세계에서 이들은 외로움, 우울감이나 죄의식조차 느끼지 못할 정도로 존재감이 떨어진 상태였고, 자신을 살아 있는 시체, 즉 좀비라고 자각하고 살아간 것이다. 이런 식으로 현실 세계의 삶에서 일찍 손을 놓고 가상 세계로 들어가 지내다가 해리解離를 경험하면서 심각한 범죄를 저지를 가능성도 있다.

너무 극단적이라고? 이번에는 청소년이 아닌 성인의 사건을 들여다볼까 한다. 2014년, 22세 청년이 생후 28개월 된 아들을 수 주간 집에 방치하다가 게임을 하러 나가려는데 잠을 자지 않는다고 살해한 혐의로 구속됐다. "얼마나 게임 중독이 심했으면 저런 일을 저질렀을까" 하고 개탄하는 목소리가 높다. 여기서 한번 '게임'이란 단어를 빼고 사건을 재구성해보자.

공부에 별 취미가 없는 고등학생이 PC방에서 아르바이트를 하다가 여학생과 연애를 했다. 그러다 덜컥 아이가 생겼고 두 사람은 살림을 차렸다. 둘의 부모가 집은 얻어줬지만 어린 나이에 부모 노릇을 하는 것은 참 힘든 일이었을 것이다. 놀고 싶은 것, 하고 싶은 것도 못했을 테니 말이다. 변변한 학력이나 능력도 없는 상태에서 경제적으로 한 가정을 꾸려가는 일도 버거웠을 것이다. 아직 어린 부부는 자주 다퉜을 것이고, 지친 아이 엄마는 결혼 포기를 선언하고 집을 나가 공장에 취업해버렸다. 아기와 아빠만 덜렁 남겨져버렸다. 이때부터 아빠는 아기를 방치한 채 PC방을 전전했다. 아기가 우니 짜증이 났다.

이 이야기에서 궁금한 것은, 아기 조부모의 역할이 보이지 않는다는 점이다. 어린 나이에 살림을 차렸다면 더욱더 집안 어른들의 도움이 절실했을 텐데 말이다. 왜 청년은 부모에게 도움을 청하지 않고 부모는 나서서 아기를 돌봐주지 않은 걸까? 이 사건은 겉으로는 게임이 문제인 것 같지만 실제로는 우리 사회 가족 공동체의 해체와 본능적인 돌봄조차 귀찮아할 정도의 자기중심주의가 맞물려 생긴 비극이다.

성인이 된다는 것은 자기 앞가림을 할 뿐만 아니라 부모가 될 경우 자식을 부양하는 책임을 지며 사회적 요구에 대한 의무를 다하려 노력하는 것이다. 그런데, 왜 이 젊은 부부는 자식을 낳아놓고도 양육을 '귀찮다'고 여기고, 부모에게 도움을 청할 생각도 하지 않았을까? 아이조차도 버겁게 느껴진 것이다. 하물며 개나 돼지도 본능적으로 하는 행동인데 말이다. 긍정적인 쪽으로든 부정적인 쪽으로든 인간의 자기 본위적 욕구라는 것은 그렇게 본능을 거스르거나 억제할 수 있을 정도로 대단한 것이다. 이렇게 자기 자식을 내팽개쳐둘 정도로 자기위주의 판단으로 나아가기도 하는 것이다. 그것은 하루아침에 생성된 능력이라 볼 수 없다. 2001년부터 이런 사건들은 계속 현재진행형처럼 발생하고 있다.

"내가 알아서 할 테니 내버려둬요." 많은 10대들이 이렇게 말한다. 과거와 달리 부모들도 자기 앞가림하기 힘드니, 스스로 알아서 하라며 자녀를 방치한다. 이혼과 가족 해체 등으로 그나마 챙겨줄 부모가 부재한 경우도 많다. 10대는 점점 더 자기중심적으로 판단하고 최소한의 의무도 귀찮아하는 사람으로 자라난다. 가정이나 공동체 안에서 자연스럽게 익혔어야 할 최소한의 도덕률, 인간적 책임감, 양육에 대한 의무감과 같은 것들이 내재화되지 못한 채 나이만 성인이 돼버린 것이다. 사실 내 아기가 배고파 울고 아파하면 도둑질을 해서라도 먹이고 입히는 것이 인간이기 이전에 동물적 본능의 하나다. 이것은 가르칠 필요조차 없는 일이라 여겨왔다. 그런데 이 젊은이는 그런 기초적인 것을 익히지 못한 채 아빠가 되어버렸다. 모른다는 사실조차 깨닫지 못했고 모든 것이 귀찮고 짜증이 날 뿐이었다.

그렇다. 짜증이 난 것이다. 삶의 그릇에 담긴 최소한의 것들만으로도 그릇이 넘치게 생겼는데 아기까지 우니 다 귀찮고 짜증이 난다. 사고 체계가 붕괴된다. 일부러 죽이려고 죽게 내버려둔 것이 아니라 어떤 판단이나 생각조차도 하고 싶지 않아져버려 사고를 멈춘 것이다. 현실에서 일단 도피해서 벗어나고 싶었을 뿐이다. 그래서 "엄마, 아이 좀 봐주세요"라고 부탁해보거나, 다른 해결책을 찾기보다, 게임을 하며 현실에서 도피하다보면 어떻게 되겠지 싶었던 것이다. 그런 행동이 어떤 결과를 가져올지는 알고 싶어하지 않았고 시뮬레이션을 해볼 생각도 못했다. 오직 아주 좁은 반경 안에서 나를 중심으로 세상을 볼 뿐, 세상과는 교신을 끊어버렸다.

사실은 이렇게 아이를 방임하는 것만 문제가 아니기는 하다. 아이를 자신의 소유물, 자기 자아의 확장판으로 인식한 채 모든 것을 통제하면서 아이의 성공을 통해 자아의 만족을 얻으려는 부모 역시 같은 메커니즘을 갖고 있다. 자기만족을 위해 3세부터 영어 유아원에 보내고, 뺑뺑이 돌리면서 사교육을 받게 하고 시험 보는 기계로 키운다. 아이를 방임하는 부모나, 아이를 자기가 원하는 존재로 빚어내고자 애쓰는 부모나 이기적인 자기애를 과도하게 발산하고 있는 것이라 할 수 있다. 양상은 달라보여도 동전의 양면처럼 그게 그것인 것이다. 내 눈에는 이런 부모들도 게임을 하고 있는 것으로 보인다. 이들은 PC게임 속 캐릭터가 아닌 실제 사람인 자식을 상대로 롤플레잉게임role-playing game을 하는 것이다. 부모가 설계한 대로 자식이라는 캐릭터가 전투력, 지력, 사회능력 모두 빵빵하게 자라기를 바라는 그런 육성게임을 하고 있는 것이다.

이런 현상은 양극화 경향을 보이며 서로 다른 방향으로 치닫고 있고, 그 격차는 갈수록 커지고 있다. 그러나 그 방향으로 가게 하는 동력은 유사하다는 것이 오싹한 비극으로 다가온다.

데이트폭력

———

"내가 얼마나 노력을 했는데 어떻게 저럴 수 있어요?" 이성을 사귀는 것에 어려움이 있다는 남성의 하소연이다. 호남형 외모, 훤칠한 키, 서글서글한 말투의 전문직 종사자였다. 여성들이 싫어할 만한 구석은 눈에 띄지 않았다. 그런데도 관계는 잘 지속하지 못했다. 최근 마음에 드는 여성을 소개받아 여러 번 만났고 지난 주말엔 좋은 식당에도 갔단다. 그러나 상대가 연락을 끊었고, 문자로 이별을 통보를 받았다. "제가 그 여자에게 쓴 돈이 얼마인지 아세요? 시간은 얼마고요!" 이유를 찾아 고민을 하느라 아무 일도 할 수 없었단다. 너무 답답해 그녀의 근무지에 찾아가거나, 집 앞에서 무작정 기다리겠단 말까지 했다고 한다. 연민과 공감을 바라던 눈빛은 점차 분노의 그것으로 변했다. 나는 거기서 데이트폭력 전 단계의 위험 징후를 읽었다.

최근 들어 데이트폭력이 급증하고 있다. 경찰청 자료에 따르면 2010년에서 2014년 사이에 연인관계에 있던 사람으로부터 폭행이나 성폭행 등을 당한 사람은 3만 6362명이나 된다. 애인으로부터 성폭행을 당한 건수도 역시 5년 사이 두 배 가까이 급증했다. 기사를 잠깐만 검색해도 데이트폭력은 너무 많아서 사례를 골라내기도 힘들 정도다. 2017년 1월 한 남성이 동거하다 헤어진 여자친구에게 찾아와 욕설을 하면서 "직접 얼굴을 보면서 이야기하자"고 행패를 부리다 문을 열어주지 않자 예전에 알고 있던 현관문 비밀번호를 입력해 여성의 집안으로 들어갔다. 여성의 신고로 출동한 경찰은, 그들이 1년간 동거했다는 얘기를 듣고 행패를 부린 남성에게 다시 여성의 집에 찾아가지 말라고 경고만 한 뒤 남성을 풀어줬다. 하지만 2시간 만에 다시 찾아온 남성은 여성을 주차장으로 나오게 해 폭행해서 결국 숨지게 했다. 살해처럼 극단적인 경우가 아니어도 강제적인 압력 행사, 언어폭력이나 협박 또한 빈번하게 벌어진다. 좋았던 시기에 함께 찍은 성관계 동영상을 복수라는 이름하에 일방적으로 인터넷에 공개해버리는 일도 벌어진다.

'쿨'을 기조로 삼으며 끈적끈적하게 엮이는 것을 싫어하는 현대사회에서 왜 데이트폭력이 늘어나고 있는 것일까. 어찌 보면 의아한 일이다. 싫으면 간단히 헤어지면 그만이지, 왜 이리 질척거리면서 만나고, 또 헤어지자는데 그걸 인정하지 못하면서 매달리다가 바로 폭력과 복수로 넘어가는 것인가. 사회적 관계 맺기를 익히지 못한 채 어른이 된 사람이 늘었다는 점이 그 첫번째 원인이다. 이런 면이 두드러지는 사람들은 특히 똑똑하고 학업 성취도가 높은 사람들이 많다. 그들은 공부하느라 친구를 사귀고, 관계를 유지하기 위해 뭘 해야 하는지 시행착오를 겪을 기회를 갖지 못했다. 어릴 때부터 학교-학원-집을 쳇바퀴 돌면서 20년을 살다보니 기본적인 관계 맺기의 기초도 익히지 못한 것이다.

그러나 사회적인 성취를 통해 꽤 괜찮은 연애 상대로 세상에 등장은 할 수 있게 되었다. 겉으로 드러나는 '스펙'은 매우 훌륭하다. 그런데 만나봐도 재미가 없고, 사람과 사람 사이에 오고가는 미묘한 표정, 제스처, 흘러가는 말 속에 담긴 진심을 읽는 능력은 스펙에 비해서 지나칠 정도로 부족하다. 마치 국영수는 백점인데, 미술과 음악은 빵점인 학생 같다. 문제는 미술과 음악은 못해도 그만이지만 이런 사회적 관계 맺기 능력은 사회생활의 기본이자, 연애에서 기초 콘크리트 공사 같은 것이라는 점이다.

이는 대기업 면접관들이 최근 들어 최상위권 대학 졸업생을 그리

반기지 않는다고 털어놓은 속내와도 일맥상통한다. 머리는 비상한데 회사라는 조직에 썩 잘 어울리지 못한다는 것이다. 조직 생활에서는 지적 능력도 중요하지만 사실 일을 풀어가는 것은 사람관계이고, 사회성이 더 중요할 때가 많다. 그런 부분의 미흡함을 지적하는 것이다. 광고 대행사 이노레드 박현우 대표는 한 인터뷰에서 채용의 중요성을 설명하면서 "자신만을 위해 시간을 쓴 사람은 매력적이지 않다. 국내외 유명 학교를 마친 고학력자들도 채용 단계에서 여럿 낙방했다. 스펙이 화려한 이들은 결국 이기적으로 일하는 경우가 많다"고 말한 바 있다.

그런데 흥미로운 것은, 아이러니하게 그런 모자람을 실감한 고학력 남성들이 가장 익숙한 방식으로 돌파구를 찾는다는 것이다. 바로 '학원'이다. 이들은 모자라는 것은 돈을 주고 배우면 된다고 생각하는 것이 특징이다. 그런 방식이 머릿속에 단단히 자리잡고 있다. 그들은 고액의 수강료를 내고 학원에 간다. 거기서 몇 번 표면적인 화법과 대인관계 스킬을 배워서 길거리에 나가 이성을 꼬시는 실습까지 한다. 아니면 연애관계에 대한 책을 사서 읽는다. 그런데 이게 진짜 사람 사귀는 방법을 알려줄까? 이건 배워서 느는 것이 아니라, 경험하면서 느는 것인데, 본인의 실력(!)이 늘지 않으면 근본적 문제의식이 잘못되었다고 여기기보다, 더 좋은 학원이 어딘가 있을 것이라 생각한다. 아무리 자동차 운전 매뉴얼을 많이 읽고, 좋은 강사를 만난다고 해도 결국 운전은 경험을 쌓음으로써 숙달되는 것처럼 말이다. 이런 맥락에서 관계 맺기 능력이 기본 이하인 사람이 많고, 그들은 쉽게 좌절하고 실패에 대해 반성하기보다 자기애적 분노를 상대에게 퍼붓기 쉽다.

　두번째는 그들이 PC게임을 하면서 자라났다는 것이다. 동네에서 친구들과 놀면서 자란 세대와 PC게임을 하면서 자라난 세대의 마음의 작동 기제는 다를 것이다. 한쪽은 인간관계의 불완전성을 직접 경험하면서 내가 들인 노력에 비해 돌아오는 것은 기대에 미치지 못할 수도 있다는 것을 깨닫는다. 반면 게임의 세계는 투입한 노력에 대한 대가가 상대적으로 분명한, 공정하고 완벽하게 잘 설계된 세상이다. 그런 가상 세계에서 롤플레잉 게임으로 간접경험을 하면서 자란 세대 중 일부는 현실 세계 속에서 사람을 만날 때도 가상 세계와 같은 방식의 투입과 산출이 이뤄지기를 바랄 수도 있다. 시간과 돈을 쓴 만큼 좋은 아이템을 받듯이 상대의 호감도 그만큼 돌아와야 한다고 믿는다.

　그러나 인간관계는 불행하게도 그렇게 작동하지 않는다. 아닌 것은 아닌 것이다. 열 번 찍어도 안 넘어갈 나무는 안 넘어 간다. 싫은 사람은 그냥 싫은 것이다. 그 사람이 아무리 더 정성을 쏟아도 상대가 그의 정성에 감읍해서 마음을 돌린다는 보장은 없다. 그러나 게임의 세계, 영화나 드라마의 가상 세계에서는 그런 일이 충분히 가능하다. 어릴 때부터 게임을 하면서 자란 사람의 마음속에는 아무래도 이런 유의 룰rule이 게임을 하지 않고 자라난 세대에 비해 더 강하게 자리잡고 있는 것은 아닐까. 그러다보니 실제 세상에서 사람을 만날 때 문제가 생기기 쉽다. '거절의 메시지'를 제대로 읽고 상대방에 대한 마음을 포기하기보다 이를 '다음 레벨로 올라가기 위해서는 더 많은 노력을 하세요'라는 뜻으로 잘못 인식할 위험이 있다. 그래서 상대의 마음을 얻기 위해 무리를 한다. 상대의 근무지를 찾아가서 기다리다 만난다거나, 한밤중에 문자를 보내고, 집을 찾아가려고 한다. 게임이라면 이런 적극적인 방식이 좋은 반응을 얻는 것으로 설계되어 있을 수 있다. 그러나 현실 세계에서 이런 행동은 상대를 두렵게 하기 쉽고 '스토커'처럼 여겨지기 십상이다.

그러므로 현실 세계에서 상대의 거절은 분명한 거절로 받아들이고 현실과 가상공간의 차이를 깨달아 전략을 수정해야만 한다. 하지만 "여기는 왜 이래!" "어떻게 네가 나에게 이럴 수 있어!"라는 분노의 감정이 이성을 마비시키게 된다는 것이 문제다. 노력에 대한 대가가 돌아오지 않는다고 여기면서 게임 자체에 대한 분노가 발생한다. 그리고 이는 상대에 대한 공격성으로 방향을 튼다. 데이트폭력의 방아쇠가 당겨진 것이다. 데이트폭력의 가해자는 사랑하기 때문에 그런 것이라고 해명한다. 그러나 이는 상대를 인간으로 인정하지 않고, 오직 자신의 만족을 위한 대상으로만 인식하려는 병적인 자기애의 소산일 뿐이지 사랑이 아니다. 이런 메커니즘이 겉으로는 멀쩡한 남성들이 폭력적으로 돌변하게 한다.

남성들은 문자로 이별을 통보하는 여성들의 행동에 분개하지만 그 안에 내재된 그녀들의 두려움을 이해한다면 판단을 다르게 해야 할 것이다. 그녀들은 당신을 다시 만나는 것 자체를 위험한 일이라고 감지하고 있는 것이다. 데이트폭력의 증가는 이와 같은 두 가지 메커니즘이 시너지를 일으킬 때 쉽게 현실화된다는 것이 나의 생각이다.

데이트폭력의 더 넓은 저변에는 '여혐'이 함께한다. 많은 힘을 갖고 있는 사람, 오랫동안 높은 지위를 누린 사람은 자신의 힘과 지위를 인식하지 못한다. 젠더gender 이슈가 그렇다. 여성들이 사회생활에서 보이지 않는 승진의 벽인 '유리천장'을 이야기해도, 결혼도 출산도 하지 않고 야후 CEO 마리사 메이어Marissa Ann Mayer같이 독하게 일을 하면 그런 건 존재하지 않을 것이라 말하는 이들은 모두 남성이다.

하지만 현실은 그들 남성의 말과는 다르다. 작년에 페미니즘 사이트 메갈리아가 제작한 "소녀들에겐 왕자가 필요없다Girls do not need a prince"라는 문구가 적힌 티셔츠를 입은 사진을 트위터에 올린 한 여성 성우를 게임회사 넥슨은 게시판에 올라온 성우 교체 요구를 받아들이고 하루 만에 다른 성우로 교체했다. 그 여성 성우는 넥슨이 개발한 게임의 한 캐릭터를 연기하고 있었다. 또 가수 티파니가 욱일기 패턴으로 디자인된 엑세서리가 있는 사진을 올렸다가 그녀가 출연하던 〈언니들의 슬램덩크〉에서 바로 하차를 하기도 했다.

그에 반해 수많은 성차별적인 발언을 해온 몇몇 남성 예능인은 굳건히 방송을 해내고 있다. 비난이 있지만 하차는 없다. 여성에게는 가혹하고 남성에게는 관대하다. 이런 기울어진 운동장이 존재한다는 것을 위쪽에 있는 남성들은 잘 인식하지 못한다. 다만 자기들의 입지가 좁아지고 있음은 위기의식으로 느낀다. 특히 남성들끼리의 경쟁에서 밀리는 위치에 있는 이들일수록 그런 위기를 쉽게 느끼고, 그런 위기감은 여혐으로 쉽게 전환된다. 여혐을 통해 남성으로 대동단결하고

'우리는 하나'가 되어 안전을 획득하고 우위를 유지하려는 것이다.

많은 남성 지식인들이 자신을 페미니스트라고 여기지만 실제 행동은 그렇지 못한 경우가 많다. 자신 정도면 꽤 여성을 존중하고 평등하게 대하는 사람이라고 여기지만 실제 저울은 한참 남성 쪽으로 기울어 있다는 것을 모르기 때문이다. 그래서 실수를 하기 일쑤다. 과거 내가 다양한 소수자 이슈에 대해서 매번 어떻게 판단을 해야 할지 몰라 고민하곤 하던 때, 친한 선배가 이런 충고를 해준 적이 있다. "잘 모르겠고 애매할 때는 소수자 편을 드는 것이 여러모로 맞아. 이성적이고 합리적으로 고민한다고 해도 이미 그건 선입견이 포함된 이후야."

젠더 이슈도 그렇다. 그래서 합리적이고 상식적인 판단을 하는 남성이라 해도 여성들의 당연한 요구를 공격적 페미니즘이라 여기고, 여혐으로 반응하는 것이다. 잘 모를 때에는 여성들의 요구가 맞다. 수천년간 이어진 기울어진 운동장에서의 게임은 이렇게 해야 하는 것이 맞다. 조금 억울하다고? 그래도 할 수 없다.

묻지마 폭력

━

2011년 4월 7일 경향신문에 따르면 2011년 3월 충청북도 청주에서는 술에 취한 38세의 고모씨가 순간 기분이 나쁘다는 이유로 술집 앞을 지나가던 30대 남성을 때리고 흉기로 목을 찔렀다. 두 사람은 일면식도 없는 사이였다. 고씨는 경찰 조사에서 "그냥 화가 나서 아무나 죽이고 싶었다"고 진술했다고 한다. 이처럼 길거리에서 '묻지마 폭행'을 하는 일이 늘어나고 있다. 사소한 시비로 부딪히다가는 큰 상처를 입는다. 2015년 9월 경기도 부평에서는 새벽에 술을 마시던 젊은이들이 귀가중인 커플을 이유 없이 집단 구타해서 갈비뼈를 부러뜨린 사건이 있었다. 또 2012년 2월 어느 식당에서는 종업원이 공손하게 응대하지 않는다고 고객이 화를 내다가 종업원과 몸싸움이 생겼는데, 구타당한 고객이 임산부였다고 인터넷에 올라와 사회적으로 화제가 되었고 그 식당은 결국 문을 닫은 일이 있었다. 하지만 알고 보니 도리어 문제를 일으킨 사람은 그 임산부였던 것으로 밝혀졌고 이 역시도 일종의 묻지마 폭력 사건이다.

사회면 기사를 조금만 뒤져보면 사건투성이다. 50대 남성이 전 동거녀의 가족을 찾아가서 모두 살해했다(2016년 11월). 70대 남성은 평소 불화가 있던 형과 형수, 경찰까지 엽총으로 쏴 죽였다(2015년 2월). 20대 남성이 재결합 요구를 거절하는 전 애인 집 앞에서 분신자살을 감행했다(2015년 3월). 20대 여성이 역시 재결합을 거절당하자 칼로 전 남자친구의 가슴을 찔렀다(2015년 2월). 11개월 된 딸이 처방받은 약을 먹고 설사를 하자 담당 의사를 병원 복도에서 무차별 폭행한 아버지는 배울 만큼 배웠다는 동종업계인 치과 의사였다(2015년 2월). 무시무시하다. 이런 묻지마 폭력은 가정내에서도 벌어진다. 35세 남성이 염색을 하고 온 것을 타박하는 60대 아버지의 잔소리에 화가 나서 "내 마음대로 염색도 못하나"라고 대들다 결국 따귀를 맞았다. 보통의 부자지간이라면 대화라면 아버지의 손찌검이 화도 나고 분하지만 일단은 접고 넘어갔을 것이다. 아들이 아버지와 아마도 한 일주일쯤 말을 나누지 않는 정도의 소심한 저항을 하는 것이 일반적인 기대 수준이다. 그런데 이 남성은 방에서 목검을 들고 나와서 아버지의 머리를 10여 차례 내리쳐 죽이고 말았다. 그는 경찰 조사에서 "그렇지 않아도 스트레스가 많은데 뺨을 맞아 화가 솟구쳤다"라고 말했다(2011년 3월).

이런 묻지마 폭력이 원래 좀 성격이 이상한 삐딱한 소수만이 저지르는 사건이 아니라는 것을 통계가 말해준다. 대검찰청의 '2010년 범죄분석'에 따르면 2009년 살인죄로 기소된 사람의 47.7퍼센트, 상해죄의 76.1퍼센트가 '우발적'으로 한 것이었다. 그저 단순히 화가 나서 남을 해친 경우가 오랫동안 심각한 고민 끝에 저지른 경우보다 훨씬 많다. 이전에는 '억울하고 분한데 저 놈을 죽여, 말아?'라고 고민하다가 작심을 하고 사고를 쳤다면, 요새는 그런 고민의 단계도 없이 건드리는 순간 발사다. 이런 사건이 2000년대 초반에 비해서 점점 증가하는 추세를 보이고 있다. 길거리를 걸어가기도, 누군가와 눈을 마주치기도, 누가 툭 하고 치고 지나가면 "이봐요!"라고 하기도 무서운 세상이다.

이렇게 건드리면 바로 폭력적인 반응을 보이는 상태의 문제점을 인식하고 병원을 찾는 사람도 늘어나고 있다. 건강보험 심사평가원 통계를 보니 충동조절장애로 진료받은 환자가 2009년 3720명에서 2014년에는 5544명으로 49퍼센트 늘었다. 그중에서도 20대 남성이 가장 많고 증가하는 추세를 보였다. 약물이나 다른 정신질환의 영향 없이, 오직 충동을 억제하지 못해 문제가 될 때 충동조절장애라고 진단할 수 있다. 그만큼 임상에서 흔히 붙이지 않는 병명이다. 더욱이 문제가 있다고 하더라도 이들은 대체로 "내가 잘못한 게 아니라 상황이 어쩔 수 없었잖아"라든지, "너희가 나를 건드리지 않았으면 나도 화를 내지 않았어"라고 하지 "저에게 문제가 있네요"라고 순순히 자인하는 경우는 극히 드물다. 그런데도 불구하고 이렇게 충동 조절이 문제인 사람의 내원이 급격히 늘고 있다는 것은, 5000여 명이란 수는 그저 빙산의 일각에 불과할 가능성이 매우 높다는 것을 보여주는 것일 수 있다.

다음으로 흥미로운 것은 이들 대부분이 20대 남성이라는 것이다. 일반적인 정신의학적 관점에서 보면 충동 조절의 어려움이 생기는 것은 노화의 결과다. 나이가 들고 전두엽의 기능이 떨어지면서 이전까지는 잘 작동하던 억제 기능에 이상이 생겨 잘 못 참고 쉽게 화를 내게 되고, 상황 판단을 할 때도 유연성이 떨어지게 된다. 그래서 노인들이 완고하고 짜증이 많고, 화를 내는 빈도가 잦은 것이다. 그런데 이상하게 지금 이 문제는 20대 젊은 남성들이 주로 겪고 있다. 참을성 결핍 바이러스가 퍼지기라도 한 것일까. 이는 아마도 개개인의 취약성으로 설명하기보다 환경의 변화와 젊은 세대의 전반적 특성이라는 사회적 관점에서 생각해보는 것이 합리적일 것이다.

이런 상황의 첫번째 원인은 선을 넘은 자기중심주의의 강화다. 오직 나를 중심으로만 세상을 보는 것에 익숙한 채로 자라난 사람이 늘어났다. 인간 정신의 발달은 여러 차원에서 볼 수 있다. 이를 측정 하는 기준 중 하나가 자아중심성ego-centrism에서 자아탈중심성egodecentrism으로 중심축이 옮겨가는 정도를 보는 것이다. 어린아이는 자기밖에 모른다. 자기가 보는 세상이 전부라고 여긴다. 자라면서 혼자만 생각하면 안 되고 친구와 나눌 줄 알아야 한다는 것을 배우고, 내 주장만 하기보다 양보하거나 상대의 사정을 감안해야 나중에 더 큰 보답이 돌아올 수 있다는 것을 배운다. 그러면서 서서히 자아중심성에서 자아탈중심성으로 옮겨간다. 그 확장의 끝은 공동체에 대한 헌신이거나, 이타적 희생을 하는 것일 수 있다.

그런데 이기적 부모는 이기적 아이를 만들어낸다. 경쟁에서 이기기 위해서 무조건 내 아이를 중심으로 사고하고, 내 아이가 잘되기만을 바라면서 반칙을 일삼는다. 그런 부모를 보면서 아이도 그게 자연스러운 것이라고 여겨 그런 방식을 자기의 것으로 내면화한다. 남을 위해서 양보하거나 상대의 사정을 이해하는 과정을 거치는 것이 결국은 더 낫다는 생각에 도달해보지도, 그런 경험을 몸소 겪어볼 기회도 갖지 못한 채 어른이 되어버린 것이다. 그렇다보니, 뭔가 제대로 풀리지 않으면 '내가 뭘 잘못했지?'라고 생각하고 주변을 돌아보고 자신을 환경에 맞추거나 상대방과 관계를 조정하기보다 "여긴 도대체 왜 이래?"라고 분통을 터뜨리며 감정적 반응부터 하게 된다. 여전히 어린아이의 자아중심성에서 벗어나지 못했기 때문이다. 마치 해외여행을 간 사람이 현지 음식점에서 소주를 달라고 주장하고, 그런 술은 없다고 하면 "여긴 왜 그래?"라고 화를 내는 것 같은 상황이다. 자기중심성의 궤도를 벗어날 수 없으니 충동적이고 욱하고 화를 내며, 화를 낸 다음에도 그 행동을 반성하기보다는 원인에 대한 정당한 반응을 했다는 방어적 해명을 하며 진정한 사과와 반성을 하지 않는다.

오직 부모의 양육 방식 변화 탓만은 아니다. 공동체적 삶의 구조가 시대적으로 변화한 면도 일조했다. 과거의 사회에서는 부모가 용인한다고 해도 하고 싶은 걸 마음대로 다 할 수 있는 것은 아니었다. 공동체의 눈치도 봐야 했다. 아무리 부모가 욕심이 나고 내 아이가 원한다고 해도, 동네에서 용인되기 어려운 것은 해줄 수 없었다. 또 해준다고 해도 티를 내지 않고 쉬쉬하는 것을 당연하게 여겼다. 아이가 동네 어른에게 인사를 하지 않고 지나가면 동네 어른은 당연히 아이를 불러 세워서 야단칠 수 있었다. 이런 집단의 암묵적 압력과 제재를 받아들이다보면 그것이 내면화되어, 이후의 비슷한 선택 상황에서는 고민 없이 이기적 욕심과 충동적 욕망을 억누르게 된다. 공동체를 위해 참고 희생하면 나중에 그게 본인에게도 이득이 된다고 교육받는다. 또 경험을 통해 이를 체득한다.

이런 시스템에서는 평판reputation을 매우 중요한 것이라 익힌다. 작은 동네에서 한번 나쁜 소문이 나면 그걸 극복하는 데 얼마나 오래 걸리는지 어릴 때부터 삼촌, 누나, 부모의 말을 듣고, 또 실제로 주변인에게 일어나는 사건을 보면서 몸으로 익힌다. 그러니 동네가 아니라 학교, 또 사회에서 부딪힐 일이 있을 때 내 욕망과 충동에만 의존해서 판단을 내리고 공격성을 드러내기 전에 '어떤 행동으로 인해 내 평판에 미칠 영향'을 고려하는 습관이 몸에 밴다.

그런데 이 시스템이 허물어져버렸다. 공동체는 더이상 그런 기능을 하지 못한다. 핵가족, 보기에 따라서는 때때로 '해체 가족'이나 다름 없는 매우 엉성한 관계의 그물 안에서 아이들은 자라났다. 동네 형이나 어른, 할아버지나 삼촌, 이모가 해주던 보이지 않는 브레이크 역할을 해줄 사람이 더이상 없다. 그리고 부모도 자기 아이의 양육에 타인이 간섭하는 것에 대해 알레르기 반응을 보일 정도로 거부감을 갖는다. 그래서 어느 한곳의 중요한 기능 발달이 정지된 채 자라난 어른들이 늘어났다.

두번째는 인내를 요구하지 않는 환경의 변화다. 할아버지가 식사를 마칠 때까지 끝까지 앉아 있어야 했던 과거와 달리 손자는 학원을 가야 하니 가족 식사에 참여하지 않는다. 24시간 편의점에 가면 언제든지 먹고 싶은 것을 손에 넣을 수 있다. 사회성을 위해 꼭 필요한 인내심을 생활에서 익힐 기회가 줄어들었다. 당장 문제 해결을 하지 못하고 기다려야 할 때면 미칠 것 같아진다.

이어서 소통의 문제다. 인간관계에서 내가 이만큼 표현하면 상대가 그에 맞춰 대응하는 것이 소통의 균형이다. 그러나 내가 기대하는 것이 커진다고 상대의 반응도 이에 상응하지 않는 게 문제다. 이럴 때 상대 처지를 먼저 생각하고 내 요구 수준이 과하지는 않은지 살펴야 한다. 자기중심적이고 참을성이 적으면 그럴 여유가 없다. 기대만큼의 반응이 없으면 내 목소리와 감정의 수위를 높인다. 그래야 원하는 것을 얻을 것이라 믿기 때문이다. 문이 안 열리면 더 크게 두드리면 된다고 생각한다. 그러다보니 말로 하기보다 칼로 찌르고 총을 쏘며 분신을 한다. 이 정도는 해야 내 마음이 단번에 확실히 전달돼 원하는 걸 얻을 수 있다고 믿기 때문이다. 덕분에 갈수록 작은 일에 욱해서 서로를 다치게 하는 세상이 돼버렸다. 한두 명의 이상한 사람보다 세상의 큰 흐름 탓이 크다는 것이다.

따라서 개인을 처벌하는 것 이상으로 환경을 바꿔 분위기를 반전시키는 것이 중요하다. 일부 묻지마 폭력은 사회적 환경이 가하는 압력에 취약한 사람들의 방어 기제로 해석할 만한 여지가 있다. 사회적으로 수세에 몰리는 사람들이 늘어나고 있다. 중산층에서 하류층으로, 하류층에서 극빈층으로 내몰리고, 일이 없고, 가족은 이미 해체되어버려서 도움을 얻을 곳도 없다. 사회 안전망도 미미하다. 망망대해에 홀홀단신으로 내팽개쳐져 있다는 인식이 강해질수록 '나'를 지켜야겠다는 방어 본능은 강해진다. 타인과 평화롭게 공존하는 것보다 나의 생존을 담보하는 것이 우선이다.

이런 사건이 있었다. 2012년 8월, 한 노동자가 새벽에 일용직 일을 구하기 위해 서울로 나왔다가 안타깝게도 일을 얻지 못한 채 인천의 집으로 돌아가고 있었다. 추위를 피해 사람들과 한두 잔 나눠 마신 술기운에 삶의 고단함이 얹혀진 채 전철 안에서 흔들흔들 서 있었다. 그러던 중에 인생에 화도 나고 몸도 좋지 않아서 무의식적으로 전철 바닥에다 침을 몇 번 뱉었다. 사람들은 그의 행색을 보고 알아서 피했지만 그 옆에 서 있던 커플은 피하지 못해 젊은 남성의 바지에 침이 튀었다. 그 젊은이는 화가 나서 그에게 분노를 퍼부으며 사과를 요구했다. 그는 묵묵부답으로 서 있다가 전철이 서자 바로 내려버렸다. 여기서 끝이 났으면 좋으련만 화가 난 남성은 그를 따라가서 붙잡고 욕을 해

대기 시작했다. 그러자 갑자기 노동자가 주머니에서 공업용 커터칼을 꺼내 상대방 남성의 몸을 그어버렸다.

이 역시 묻지마 폭력 사건의 일화 중 하나다. 그 노동자의 고단함이 본능적인 방어적 공격성을 드러내게 한 것 아니었을까? 사회적 안전망의 부재, 공동체의 붕괴, 경제 상황의 침체로 인한 계급 사다리의 하방화下方化, 계급 사다리가 아래로 내려가는 방향으로 놓여 있는 현상와 같은 거시적 변화는 끝자락에 있는 소수의 사람들을 몰아붙이고, 이들을 더욱더 자기중심적이고 방어적으로 대처하게 만든다. 마치 끓기 직전의 냄비 같아진다. 작은 자극도 생존에 대한 위협으로 인식하게 되면서 매우 강렬한 반응으로 나타나 타인에게 심각한 해를 끼치는 결과를 낳는다. 세상은 이를 '묻지마 폭력'이라고 하지만 속내를 들여다보고 나면 이와 같은 원인이 있는 것이다.

팩트 폭력

20대 초반의 젊은이가 몇 년째 수능에 응시하다 부모와 내원했다. 반복된 좌절에 우울감은 분명히 있었다. 그는 내년에 한 번 더 보겠다고 주장하고, 부모는 어디든 들어갔으면 하고 바랐다. 희망 대학을 묻자 최상위권 대학을 가지 않는다면 대학을 가는 의미가 없다고 대답했다. 그는 내가 부모를 설득해주기를 바라는 눈치였다. 고교 내신과 수능 모의고사 성적은 안타깝게도 공부를 더 한다 해도 목표를 달성하기에는 꽤 부족했다. 내가 그런 사실을 지적하자 바로 표정이 돌변했다. 어떻게 정신과 의사가 위로와 용기를 주지는 못할망정, 팩트 폭력을 하냐는 것이다. 순식간에 나는 가해자가 되어버렸다.

팩트 폭력이란 말이 요즘 많이 쓰인다. 예컨대 중소기업에 다니는 사람에게 "아무리 오래 다녀도 대기업 연봉은 못받아요"라고 말하면 팩트 폭력이라 한다. 혹은 입시철에 자기 성적을 게시판에 올리며 원하는 학교에 들어갈 수 있을지 묻는 학생에게 최근 입시 결과를 표로 만들어 올리면서 원하는 학교보다 낮은 점수권 학교에 입학하기도 어렵다고 확실히 얘기하는 것도 그렇다. 알고는 있었고 굳이 말을 안 해줘도 되는 것을 확 밝혀버리는 예는 부지기수다. 한마디로 "꿈 깨세요"라는 의미다. 이런 말을 들으면 누구나 부끄럽고 아플 것이다. 솔직히 작은 위로를 바랐을 뿐인데, 팩트부터 들이미는 것이 공격적으로 느껴진다. 이렇게 충실한 사실의 전달만으로 상대방의 주장과 신념에 타격을 주는 행위를 세칭 '팩트 폭력'이라고 한다. 이 단어의 유래는 영어권 인터넷 사이트에서 "팩트를 사용하지 마세요stop using facts"란 표현을 쓴 것에서 시작되었다. 호날두와 메시의 팬들이 누가 더 위대한 선수인지 설전을 벌이면서 방대한 분량의 통계자료를 제시하며 갑론을박을 하는 것이 대표적 예라고 한다.

이렇게 팩트를 제시하는 것을 폭력으로 받아들이는 심리, 반대로 부인하지 못할 정보를 제시하는 것으로 상대를 흔드는 심리는 무엇일까? 힐링과 위로, 희망이란 단어에 지친 사람들의 반작용 중 하나다. 사는 게 힘들다. 많은 이들이 위로와 힐링을 원한다. 서로를 다독여주고, 용기를 주고받기를 원한다. 진실은 모르는 게 아니지만 일단 위로를 받고 싶을 뿐이라고 말하는 팩트 폭력 피해자가 많다. 힘든 상황에서 서로 위로를 주고받는 것은 일종의 정서적 품앗이와 같다.

하지만 끝없이 일방적 위로와 인정만 바라는 이들도 있다. 모든 상황에서 자신이 피해자고 억울하고 불쌍한 사람이라는 것을 인정받기만을 갈구한다. 나름 위로의 말을 해준다고 해주어도 만족하지 못한다. 위로의 주고받음 없이, 자신만 위로받을 대상이고, 남을 도와줄 생각은 하지 않는다. 어느 순간 '피해자 코스프레' 같아 얄밉다고 느끼게 된다. 해도 해도 끝이 없는 힐링 에너지 뱀파이어가 따로 없다.

물론 힘들 때 희망을 꿈꾸는 것은 잠시나마 위로가 된다. 하지만 힘들다고 다독임만을 바라는 것은 현실을 회피하게 하는 부작용을 낳을 수 있다. 이들은 남이 도와주기만 바라거나, 비현실적 목표를 세우고 행운을 기다릴 뿐인 것은 아닐까. 아프기 싫고, 실패를 인정하기 싫은 인간의 본능은 현실을 부정하는 방어기제를 작동하며 그 현실을 보려 하지 않게 만든다. 그래서 객관적 팩트를 폭력적이라고 여긴다.

하지만 힘들더라도 변화는 현실을 인정하는 것에서 시작되고 이를 위해 가장 먼저 팩트를 봐야만 한다. 이를 정신분석에서는 직면直面, confrontation이라 한다. 팩트 제시를 폭력이 아닌 현실 인식을 위한 수단으로 봐야 할 경우도 많다. 위로를 바라는 마음은 공감하지만, 팩트를 제시하는 것을 무조건 폭력 행사와 동일시하면서 계속해서 현실 부정에 빠져 아주 낮은 확률의 행운이 찾아오기만을 바라는 것은 더욱 위험한 일이다. 가학적인 의도로 팩트를 들이대는 것이 아니라면 팩트 제시는 "괜찮을 거야"라는 대책 없는 위로보다 훨씬 강한 힘을 가질 때도 많다. 그런 면에서 팩트는 폭력이 아니라 현실 직면의 기능을 한다. 그럼에도 많은 이들은 자신이 팩트 폭력의 희생자라고 여기면서 살아가고 있다. 그만큼 팩트 속에 위로나 희망이 될 만한 정보는 아무리 찾아봐도 드문 게 현실이기 때문인 것만은 사실이다.

3부

◉

마음을 위한 액션

6

마음의 만렙*
정상성 유지를 위한 레벨업

몇 년 전 일이다. 아이들이 학교 앞에서 병아리를 사와 몇 마리를 기르기 시작했다. 처음에는 금방 죽었지만, 노하우가 생기면서 어느새 네 마리가 한 달 넘게 생존해 무럭무럭 자랐다. 마침 집이 아파트 1층이라 베란다에서 키우는데, 덩치가 커지고 날갯짓을 하게 되더니 바깥세상에 관심을 갖기 시작했다. 창살 사이로 보이는 작은 아파트 정원이 그들의 눈에는 신록이 우거진 신천지로 보였나보다. 용감히 한 놈이 과감히 점프를 해 뛰어나가자, 나머지도 따라갔다.

본능적으로 벌레를 쪼아 먹는 것이 참으로 신기했다. 본능이 살아 있구나. 우리는 친환경적으로 키우자는 생각에 놓아기르기로 했다. 며칠 뒤, 동네 아이들이 지르는 고함소리에 나가보니 단지 안의 길고양이들이 병아리를 잡아간 후였다. 순식간에 두 마리가 사라져버렸고, 남은 것은 떨어진 깃털 몇 개뿐이었다. 그나마 남은 두 마리의 안전을 위해 우리 식구들은 양치기 소년같이 방목하는 시간에는 돌아가면서 지켜봐주기로 했다. 신천지인 줄 알았던 정원은 병아리들에게는 정글이었던 것이다.

그렇게 몇 주가 평온하게 흘렀다. 그날도 베란다를 탈출한 병아리들을 운동시킨다며 그냥 두고 정원에 의자를 갖다놓고 지켜보고 있었다. 그런데, 잠시 한눈을 팔고 집에 들어갔다가 온 그 순식간에 한 마리가 또 잡혀갔다. 지나가던 아이가 소리를 지르며 쫓아가자 병아리 목덜미를 물고 달리던 고양이가 자기도 놀랐는지 병아리를 놓고 도망가버렸다. 구사일생 구출된 병아리는 다행히 다친 곳은 없었다. 소중히 안고 집으로 데리고 돌아왔다. 그런데 병아리의 행동이 그때부터 이상해졌다. 활기차게 친구랑 서로 싸우고 뛰어다니던 놈이 가만히 서 있기만 하고, 먹이도 물도 먹으려고 하지 않았다. 옆에서 친구가 뛰어다녀도 관심을 보이지도 않았다. 마치 얼어붙은 조각이 된 것 같았다. 놀란 병아리를 안심시키기 위해 아내가 병아리를 감싸고 오랫동안 안아주었지만 소용이 없었다. 며칠 지나면 나아지겠거니 안타까운 마음

* 만렙 : 한자 찰 만(滿)과 영어 단어 레벨(level)의 합성어로 레벨 시스템이 적용된 캐릭터나 아이템, 스킬 등이 최대 레벨 구간에 다다라 최대치로 성장한 상태를 가리키는 게임 용어.

으로 지켜보고 있던 차에 이틀 만에 저세상으로 가버리고 말았다. 비록 고양이한테 물려 몸이 다치지는 않았지만 어린 병아리의 '멘탈'이 붕괴되어버렸고, 신체적 죽음으로 이어지는 데에는 며칠도 걸리지 않았던 것이다. 본의 아니게 정신적 외상이 죽음에 이르게 할 수 있다는 생생한 동물실험을 관찰한 셈이었다.

이는 인간도 예외가 아니다. 요새 유행하는 말 '멘탈 붕괴'는 스트레스로 인해 인격과 정체성이 파괴적으로 손상된 상태를 의미한다. 많이 놀라거나 당황했을 때 웃으면서 쓰지만, 실제 멘탈이 붕괴되는 상황이 벌어진다면 보통 심각한 일이 아니다. 예기치 않은 큰 사건이 벌어지거나, 도저히 통제 불가능한 상황에 빠져서 헤어날 수 없다고 느낄 때 사람은 아예 해결책을 찾으려는 시도를 포기하고 그냥 넋을 놓고 있게 된다. 스트레스 상황에 처음에는 강력히 저항을 하고, 자원을 최대한 동원해서 적극적으로 대처하지만, 완전히 소진되어버리면 어찌할 도리가 없는 상태가 된다. 허리케인 조다카모리 아사오와 치바 테츠야의 만화 『허리케인 조』의 주인공. 〈내일의 조〉라는 제목의 TV 만화로도 만들어졌다가 무적의 챔피언과 15 라운드를 경기하고 난 후 "불태웠어, 새하얗게"라는 말을 남기고 링 사이드 자기 자리에서 머리가 하얗게 새버린 채 그대로 사망을 했듯이.

흔히 가해자는 "난 손 하나 대지 않았다"면서 폭력을 부정한다. 그러나 언어폭력을 쓰는 것, 여러 수를 써봤지만 해결이 되지 않는다고 상대를 빠져나갈 구멍이 없는 상황에 몰아넣는 것도 엄연히 폭력이다. 인간의 멘탈은 기본적으로 튼튼하나, 한번 붕괴되면 수습이 어렵고 결과도 파괴적이다. 인간은 병아리보다 멘탈의 영향을 훨씬 많이 받는 고등동물이기 때문이다. 우리 사회에서 이렇게 멘탈을 붕괴시키는 일이 비일비재하다. 2009년 구조조정 이후 쌍용자동차 해고자들의 연이은 자살, 2011년부터 2014년까지 대구 지역에서 학교폭력과 관련된 학생들의 자살이 예사롭지 않은 이유도 여기에 있다. 신체 손상이나 큰 병도 없었다. 그렇지만 사는 것을 포기했다. 왜일까. 지루하게 끌려다니며 고통 속에서 멘탈이 붕괴된 상태로 머무느니 차라리 죽는 것이 낫다는 결정이 합리적으로 보일 수 있기 때문이다. 이것은 어쩌면 인간적인 선택이다. 그래서 더 안타깝다. 자살까지 가지 않더라도 "멘붕 왔어"라는 표현처럼 머리가 정지해버리는 일이 비일비재한 것이 사실이다. 우리는 이 징후들을 어떻게 보고, 여기에 어떻게 대처해야만 할까?

세상이 바뀌기만을 기다리다가는 그전에 멘붕이 오거나, 바스러져버릴 것 같다. 일단 내 내공을 키우는 것이 필요하지 않을까? 아니면 괜히 부딪힐 만한 벽이라면 피하는 요령이라도 알고 있어야 하지 않을까? 이런 정글과도 같은, 언제 고양이가 병아리를 채갈지 모르는 그런 세상에서 버텨낼 능력의 단초를 어디서 찾아야 할까?

공감능력의 배양

2014년 9월 13일 세월호 사건 유가족들이 특별법

제정을 촉구하며 단식을 하는 광화문 광장에서 인터넷 커뮤니티 '일베' 회원들이 피자와 치킨을 먹는 폭식 퍼포먼스를 벌였다. 그들의 단식이 쇼라고 생각한 회원들이 인터넷에 비방 글을 올리는 것을 넘어서서 남들이 다 보는 앞에서 퍼포먼스를 한 것이다. 어둠의 세계에서 익명의 커튼 뒤에 숨어 있을 때에는 그들의 실체가 불분명하게 느껴질 수도 있었다. 그런데 이들이 광화문 한복판에 등장해서 퍼포먼스를 했다는 것은 마치 허깨비인 줄 알았던 자들의 존재감이 확 드러나버린 것과 같다. 그래서 이 사건이 준 충격은 더욱더 컸다. 평소 세월호 유가족의 단식을 지지하던 사람이 아니라도 그 퍼포먼스만큼은 선을 넘었다고 느끼는 사람이 많았다. 도대체 어떤 생각으로 자식을 잃어 슬퍼하는 유가족들 면전에서 춤을 추고, 음식을 먹을 수 있었을까? 유가족의 마음을 한 번이라도 상상해본다면 그럴 수 없을 것이라고 사람들은 생각했다. 그들 내면의 공격성이 얼마나 강하면, 자신과 생각이 다른 사람의 마음을 돌아볼 능력이 얼마나 결여되어 있으면, 저와 같은 행동을 서슴없이 할 수 있는 걸까 싶었다.

이와 비슷한 맥락의 사건이 하나 더 있다. 2016년 1월 부산에서 쓰레기장을 방불케 하는 집에 방치되어 있던 다섯 살 난 어린아이가 발견되었다. 엄마가 전혀 치우지 않아 벌레가 기어 다닐 정도로 사람이 살 수 없을 것 같은 집에 아이가 몇 년째 살고 있었다. 그러나 엄마는 이 문제의 심각성을 인식하지 못하고 있었다고 한다. 이렇게 아이에 대한 방임과 학대가 계속되어 왔다는 것은 엄마가 양육이라는 동물적 본능조차도 작동하지 않는 상태에 빠져 있었음을 뜻한다. 이 사람의 마음 안에서는 어떤 일이 벌어졌기에 자기 자식이 쓰레기장에서 그 쓰레기의 일부가 되어 살아가는 것을 무심하게 바라볼 수 있었던 것인지 속상한 동시에 그 이유가 궁금해진다.

유가족에 대한 조롱과 자기 아이에 대한 방임, 두 가지 사건의 공통 원인은 공감능력의 결여다. 공감共感, empathy이란 상상력을 발휘해서 다른 사람의 처지에 서보고, 다른 사람의 느낌과 시각을 이해하며 그 내용을 활용해 자신의 행동 지침으로 삼는 마음의 방법이다. 그런데, 이 공감능력은 동감과는 다르다. 동감은 연민이나 불쌍하다는 마음을 가질 뿐 그 사람의 감정이나 시각을 이해하려는 노력은 담고 있지 않기 때문이다. 만일 그들이 상대의 처지에 본인을 이입할 수 있었다면 그런 행동을 할 수 있었을까? 공감이란 인간이 갖는 타고난 본능이자 특성의 하나로, 이 능력이 선천적으로 떨어지는 것이 자폐증의 핵심 증상 중 하나다. 안타깝게도 지금 우리 사회는 후천적 공감결핍증 환자들이 늘어나고 있다.

선천적으로 공감능력이 떨어지는 다른 한 축은 사이코패스, 반사회적 인격장애자들이다. 이들도 역시 타인에 대한 연민이 없다. 누군가를 죽이려고 마음을 먹는다는 것은 큰 결심이다. 손이 덜덜 떨린다. 하지만 사이코패스에게는 그런 것이 없다. 상대의 아픔 따위는 가슴에 다가오지 않기 때문에 목적을 충실하게 이행한다. 검시관들이 피해자에게 가해자가 공격할 때 주저한 흔적인 '주저흔'이 없는 경우에 전문 킬러의 소행이라고 판단하는 것도 같은 맥락이다. 이와 같이 우리 사회의 극히 일부에서는 사이코패스나 자폐증 환자와 같이 선천적으로 공감능력이 떨어지는 사람들이 존재한다.

그러나 최근의 경향을 보면 유독 이런 사이코패스들이 더 많이 태어나서 공감능력이 떨어지는 사람이 늘어난 것 같지는 않다. 그보다는 우리 사회가 공감능력을 키울 기회를 주지 않고, 차라리 타인에게 공감하지 않고 귀와 눈과 가슴을 막고 살아가는 것이 생존 가능성을 높여준다고 생각하게 만들어서 그런 것은 아닌지 의심하게 만든다.

공감능력은 '마음 이론theory of mind'으로도 설명한다. 세 살이 될 때까지는 다른 사람의 마음이 독자적으로 움직일 거라는 걸 상상하지 못한다. 그러나 네 살 정도가 되면 서서히 아이는 내가 본 것과 상대가 본 것이 다를 수 있다는 걸 인정하고 마음 안에서 시뮬레이션을 할 수 있게 된다. 이걸 기반으로 타인의 감정에 대해서도 연상을 할 수 있는 능력이 생긴다. 이 능력이 일정 연령이 될 때까지 발달하지 못할 때 우리는 자폐증의 가능성을 의심한다. 누가 가르치지 않는다고 해도 이 공감능력은 대부분 스스로 움터서 자라난다. 그러나 그 발달의 정도는 사람에 따라, 어떤 환경에서 살아가느냐에 따라 큰 차이가 날 수 있다. 공감의 필요성이 없거나, 공감을 하며 타인과 영향을 주고받으면서 함께 살아가는 것의 중요성에 대한 인식이 없는 사회에서 살아간다면 공감능력이 그 싹을 틔워서 열매를 맺지 못한 채 어른이 될 수도 있다.

지난 십여 년간 우리 사회는 서서히 공감능력이 도리어 생존에 도움이 되지 않는 기능이라 여길 만한 환경으로 변화해왔다. 공동체 해체, 극심해진 경쟁, 개인주의의 일상화 등 여기에는 여러 가지 흐름이 상호 복합적으로 작용했다. 타고난 공감의 능력을 배양할 수 있는 기회도 줄었고, 차라리 공감의 채널을 끊고 매몰차게 사는 게 생존에 도움이 된다고 여기는 현실이다. 공감이라는 것은, 혼자보다는 여럿이 힘을 모으고 내가 남을 돕거나 상대에게 연민을 느끼는 과정을 통해 우리 모두의 생존 가능성을 함께 높일 수 있다는 믿음의 소산이다. 또한 그것은 인간이 수십만 년 동안 집단생활을 하면서 서서히 쌓아올려 완성시켜온 인간만의 특징이기도 했다.

그러나 이 공감능력이 도리어 거추장스럽게 느껴지는 매우 새로운 세상이 도래한 것이다. 타인을 생각하고 그의 마음을 몸소 느끼려 하다가는 내 생존조차 힘들어질 수 있게 되었다. 처음에는 남을 생각해서 도움을 주면 나중에 나도 상대의 도움을 받을 수 있고, 또 그게 서로를 위해서 결국은 더 좋은 선택이 된다고 여겼다. 그러나 현실은 뒤통수를 맞을 뿐이고, 도와주다가 에너지만 뺏기고, 당하는 놈은 영원히 당하기만 한다. 나 혼자 먹을 한 그릇의 밥도 한참 모자라기 때문에 지금 남이 굶어 죽는 것에 대해 가슴 아파할 겨를도 없다. 가슴 아파한다고 도와줄 수 있는 것도 없으니 차라리 어떤 것도 느끼지 않는 편이 안전하고 에너지 낭비도 줄일 수 있고, 갈등의 소지도 없앨 수 있다고 여기게 된다. 그러니 공감능력은 서서히 퇴화의 길을 걷는다. '함께'보다는 '일단 나부터 살고보자'가 우선 순위가 되어버린다.

공감을 해서 가슴 아파하고, 무력감을 느끼기만 하는 것보다 차라리 그 채널을 닫아버리는 것이 낫다고 여길 만큼 세상이 폭력적이고,

각박해졌다. 나 자신의 생존 가능성을 높이는 것만이 절실해진다. 엄마가 아이를 내팽개치고 방임을 하는 것도, 아이를 잃은 부모의 아픔에 조롱과 무시로 응하는 집단행동도 같은 맥락의 결과물들이다. 꼭 그들만큼의 상태까지는 가지 않았다 하더라도, 우리 삶의 전체적 스펙트럼이 공감이 부족해지는 쪽으로 이동하고 있다는 징후는 매우 많은 곳에서 발견된다.

공감능력의 발달이 이미 늦어버렸다고 실망할 필요는 없다. 지금이라도 그 능력을 키울 방법을 찾아봐야 한다. 그중 하나가 1995년 캐나다의 부모 문제 전문가 매리 고든Mary Gordon이 시작한 '공감의 뿌리'라는 프로그램이다. 초등학교 교실에 갓난아기를 안은 부모가 교실로 들어오고, 학생들은 아기의 발달 과정을 함께 지켜보고 아기의 입장에 서서 세상을 보려는 노력을 한다. 이런 만남을 정기적으로 하면서 학생들은 타인의 감정과 관점을 이해하는 공감능력이 향상되었다. 토론은 나아가 동급생과 공감하기, 또래 괴롭히지 않기 등의 문제의식으로 이어졌다. 이 프로그램은 영국과 뉴질랜드로 확산되어 약 50만 명이 여기에 참여했는데, 실제로 프로그램을 실시한 학교에서 학생들 사이의 협력 행동이 증가하고, 가정 내 갈등이 줄어들었다는 것이 밝혀졌다.

집단적 삶에서는 공감을 넘어 관용이 필요하다. 이를 위해서는 부족사회적인 사고방식을 버려야 한다. 부족사회적 사고방식이란, 내 부족원이 아니면 굶어 죽어도 된다고 여기는 것으로, 부족과 부족 사이의 차이를 강조한다. 그러나 관용은 우리는 모두 같은 인간이고, 우리에게는 차이점보다 공통점이 훨씬 많음을 발견하고 깨닫는 것에서 시작된다. 미국의 심리학자 고든 올포트Gordon Allport는 접촉 가설을 제안했다. 일단 만나서 소통을 하라는 것이다. 그러면서 서로의 차이점을 확인하고 멈추는 것이 아니라 상대의 관점을 이해하려고 하다보면 그와 내가 얼마나 비슷한지 알아낼 가능성이 높아진다.

새로운 정상성의 수립: 나는 트라우마보다 강한 존재다

외상후스트레스장애post-traumatic stress disorder, PTSD는 초기에는 전쟁후유증과 같은 강렬한 스트레스를 원인으로 하는 것에 국한되었다가 차차 그 범위가 넓어져서 교통사고나 성폭행과 같은 사건 후 발생할 수 있는 스트레스에 대한 적응 실패 모델로 이해되고 있다. "자라 보고 놀란 가슴 솥뚜껑 보고 놀란다"라는 우리 속담이 PTSD 모델을 잘 설명한다. 한번 크게 사건을 당하고 난 다음, 이성적으로는 이제는 안전하다는 것을 알고 있지만 원시뇌를 중심으로 한 자율신경계는 분명히 그런 사건이 또 일어날 수 있다고 믿고 경계심을 풀지 못한다. 시간이 꽤 지난 다음에도 여전히 몸은 언제든지 빨리 반응을 할 수 있도록 준비를 한다. 심박수를 미리 올려놓고, 근육의 긴장도를 올려 반응할 수 있는 준비를 미리 한다. 더욱이 뇌는 '연습하면 잘한다'는 믿음을 갖는다. 그래서 힘들고 괴로웠던 사건을 경험했으니 이걸 여러 번 반복해서 보면 훨씬 무뎌질 것이라 여기고 자꾸 되새김질을 한다. 그 과정에서 플래시백flashback이란 특이한 경험을 하고 밤에 악몽을 꾸면서도 되새김질을 하고 있는 것이다.

하지만 이는 부질없는 짓으로, 그렇게 함으로써 뇌가 이 사건에 무뎌지거나 충분한 통제능력을 갖게 되는 게 아니라 도리어 몸만 깨어나고 위험하다는 생각을 이성으로 통제하지 못하는 상태에 빠져서 사건 이후에도 처음 사건과 연관된 곳을 피하게 되고, 일상의 활동 반경이 좁아진 채로 한참을 지낸다. 이것이 외상후스트레스장애의 전형적 증상이다.

인간은 기본적으로 항상성homeostasis을 유지하기 위해 애를 쓰는 존재다. 그리고 항상성이 유지된 채 지낼 때 평온해한다. 강한 바람이 불면 그걸 막기 위해 단단한 차단막을 치고, 큰 파도가 자주 덮치면 든든한 방파제를 건설한다. 지난 세기까지 인간이 마음의 항상성을 유지하기 위해 수립한 마음의 대비 체계 수준은 대동소이했다. 인간은 동물에 비해 신체적으로 무력한 존재이고, 20세기 초까지 평균 수명은 높은 영아 사망률로 인해 40세 근처에 머물렀다. 그런데 빠르게 발전한 현대과학은, 지난 수천 년 동안 대개 일정하게 유지되어왔으며 변화는 완만하게 진행되고 있던 인간의 삶을 급격히 바꿨다. 생활은 엄청나게 편해졌고, 세계는 24시간 생활권이 되었다. 몇몇 나라를 제외하곤 음식이 풍족해지고, 냉난방이 일반화되었으며, 교통과 통신은 매우 편리해져서 누구와 만나거나 소통을 하는 데 불편을 느낄 이유가 없어졌다. 이렇게 살면 생존에 쓰던 에너지를 그 이전보다 훨씬 덜 쓰게 된다. 그만큼 생긴 여유를 자기계발이나 인생에 대한 통찰에 쓰면 좋으련만, 이상한 현상이 벌어졌다.

환경은 훨씬 안전하고 깨끗하고 편리해졌는데, 그러면 그럴수록 개인이 편안하다고 느끼는 구역은 점점 더 좁아진 것이다. 방어에 에너지를 덜 쓰다보니, 항상성 유지의 관점에서 조금만 강도 높은 자극이 오면 더 쉽게 불편을 느낀다. 마치 아주 깨끗한 도시에 사는 아이들이 자가 면역 질환의 일종인 아토피성 피부염에 더 잘 걸리는 것과 비슷하다. 항상성을 유지하는 데 있어서 나쁜 일이나 위험한 일이 벌어질 일이 거의 없으니 별다른 방어 시스템을 구축해놓지 않았고, 그러다보니 작은 불편감을 큰 증상이나 삶의 역경으로까지 받아들일 상황이 잦아진 것이다. 생활이 편안해질수록 불편에 대한 과민성은 강해지는 아이러니다.

이런 불편을 제거하기 위해 최대한의 노력을 하지만 오히려 이는 강박과 지나친 통제를 낳는다. 규칙을 지키고, 주변의 위험 요인을 제거하기 위해 반복해서 확인하고, 상황을 통제하는 데 에너지를 쏟아붓지만 긴장은 쉽게 사라지지 않는다. 강박이 잠시 삶의 추동력이 될 수는 있지만 환경의 변화 수위가 어느 이상으로 올라가버리면, 시스템 전반의 변화가 필요해지고 이럴 때는 그 사람의 강박적 대응이 큰 장애물이 되기 일쑤다.

이처럼 아주 작은 변화나 자극, 불쾌한 사건이 전에 비해 강한 불편감을 불러일으키고, 이를 트라우마로 인식하게 해서 외상후스트레스장애에 시동을 건다. 실제 위험한 사건이 늘어난 것이 아니라, 필요보다 오랜 기간 아파하고, 위험하다고 여기고, 한편으론 여기서 벗어나려고 애를 쓰지만 도리어 사로잡혀 살아가는 사람들이 늘었다.

보통 이런 사람들에게는 "마음에 묻어두지만 말고 얘기를 해서 풀어봐"라는 얘기를 많이 한다. 이른바 '세세하게 남에게 털어놓기'다. 이를 '디브리핑debriefing'이라고도 한다. 일어난 사건을 재구성해서 남에게 세세하게 얘기를 하다보면 일단 속이 시원하다. 환기의 효과가 있다. 속에 뭉친 응어리가 풀린 듯한 느낌이 든다. 더욱이 사건을 전보다 구체적이고 객관적으로 볼 수 있고, 감정을 안에 담아놓고 삭히다가 더 큰 문제가 되지 않을 수 있어 도움이 된다고 알려져 있다.

정말 그럴까? 털어놓고는 싶지만, 영 마음이 안 내키고 도리어 불안하다고 하는 사람도 있다. 이들은 용기가 없기 때문에 상처를 안고 살아가고 있는 비겁자들일까. 반드시 그런 것은 아니라는 연구가 많다. 2003년 리처드 맥널리Richard McNally는 9·11 테러 이후 수천 명에게 디브리핑을 적용했으나 이 요법을 받은 사람이 사후 관리를 받지 않은 사람보다 더 많은 장애에 시달리고 있다는 것을 발견했다. 마음의 준비가 되지 않았거나 내켜하지 않은 사람들에게까지 디브리핑을 시켰더니 좋지 않은 기억을 자꾸 건드려서 정말 돌이킬 수 없는 끔찍한 일이 일어나버린 것이라 믿고 체념하게 만들었다는 것이다. 기억을 의식 표면 위로 올려 계속 되새김질하도록 부추긴 셈이 되었다.

그러므로 사람에 따라서는 이야기를 하게 하는 것보다 그냥 묻어두는 게 나을 수도 있다. 정답은 없는 것이다. 각자의 느낌대로 따르는 것이 더 중요하니 말하고 싶은 사람은 말하고, 그러기 싫은 사람은 괜히 억지로 떠올리고 뱉어내지 않는 편이 더 낫다. 덮어두다보면 조용히 녹아서 없어져버리는 감정도 많다. 말을 해야 하는 사람이든, 마음에 담은 채 녹여야 하는 사람이든 간에 결국 가장 효과적인 치료법은 시간 속에 있고, 그 시간을 자기 성격에 맞게 잘 버텨내는 것이 더 중요하다고 생각한다.

사람들은 트라우마라고 인식한 사건을 어떻게든 지우고 싶어한다. 영화 〈올드보이〉의 오대수처럼 최면으로라도 사건에 대한 기억을 완전히 없애고 싶어한다. 아니면 타임머신을 타고 그 사건이 일어나기 전의 상태로 돌아갈 수 있기를 바란다. 사건 이전으로 가서 다시 시작하거나, 완전히 새로 복구되어야만 치료가 종결된다고 믿는다. 그러나 그런 기대를 갖고 있는 사람일수록 절대 쉽게 회복되지 않는다. 치료 목표가 비현실적이며, 잘못 설정되어 있기 때문이다.

인생을 살면서 몇 번의 불가피한 사건들은 일어나기 마련이다. 아무리 농사를 잘 지어도 내 노력과 별개로 몇 년에 한 번 오는 태풍에 작물을 다 날려버릴 수 있듯이 말이다. 스스로를 있을 수 없는 비극의 주인공이라고 여기게 되면 외상후스트레스장애의 세상에서 벗어나기 어렵다. 그보다, 있을 수 있는 사건이 벌어졌을 뿐이고, 이 또한 내 인생의 일부라고 받아들여야 한다. 그런 일이 언제쯤 닥칠 것인지 그 시기는 사람마다 다르지만 확률적으로 볼 때 대략 사람들이 당하는 억울한 일, 예기치 못한 사건, 불안한 일의 횟수는 거의 모두에게 비슷하게 일어난다.

사건으로 인한 아픔을 받아들이는 과정에서 사건의 존재를 완전히 지우거나 원점으로 돌아가려는 헛된 희망을 품어서는 안 된다. 그건 불가능한 일이다. 그보다 우리가 가져야 할 것은 '나는 내가 받은 트라우마보다 강한 존재다'라는 마음이다. 오랜 편안한 생활로 마음의 면역력이 많이 약해진 상태였다. 그래서 낮은 수준의 아픔을 트라우마로 인식했다. 이 트라우마를 내가 견딜 만한 사건으로 받아들이고 소화하고 나면 나는 이전보다 더 강한 존재로 거듭날 수 있게 된다. 마치 소량의 독을 주사해서 몸의 면역력을 강화시켜 큰 병을 예방할 수 있게 해주는 백신과 같은 이치다.

그다음부터는 그 정도의 사건이나 그보다 조금 강한 정도의 문제가 내게 벌어진다 해도 대범하게 넘어갈 수 있고, 그런 사건을 겪는다 해도 나라는 존재 전체가 흔들리거나 부서져버릴지 모른다는 존재의 붕괴 불안까지 느끼지는 않을 것이다. 바로 이것이 '새로운 정상new normal'이다. 스트레스장애가 생기는 것까지는 막을 수 없을지 모르지만 그다음으로 지향해야 할 목표는 원상 복구 상태로 돌아가는 것이 아니라 새로운 정상이 되는 것이다. 전보다 강하고 튼튼해져 수비 범위가 넓어지고, 웬만한 공격에 무너지지 않는 존재로 업그레이드될 수 있다. 나를 무너뜨렸던 트라우마라는 사건은 내 인생의 터닝포인트가 된 '역경'으로 변모한다.

내면의 성찰도 많으면 독이 된다: 심리화의 함정

최근 진료실에서 부쩍 자주 접하는 상황이 있다. "제게 가장 큰 트라우마를 준 사건은 중학교 2학년 때 일어났어요. 친구들과 싸운 다음 따돌림을 당했는데, 그다음부터 자존감이 떨어져서 우울했어요. 제 우울증의 무의식적 뿌리가 분명해요." 두 번 놀라게 되는데, 사용하는 심리학 단어가 현란하고 자연스러워서 먼저 놀라고, 확신에 찬 표정에 두번째 놀란다. 수많은 심리 서적들이 베스트셀러가 되었고, 책을 보지 않더라도 미디어에서 심리학 용어가 널리 인용되면서 일상어의 일부가 되었다. 내게 찾아오는 사람들 중에도 자가 진단을 하고 이를 확인하러 오는 사람들이 적지 않다.

물론 나도 여러 권의 책을 낸 원인 제공자의 한 명으로 자유로운 입장은 아니지만, 우리 사회가 심리학을 오남용하는 수준에 이르렀다는 심증은 갈수록 커진다. 만일 진짜 무의식이 억압되어 의식 세계의 판단과 행동에 영향을 미치는 사건이라면 앞의 사람은 원칙적으로 의식에서 기억을 해낼 수 없어야 한다. 오직 오랜 기간의 정신 치료를 통해서 억제된 것이 서서히 솟아오르다가 어느 순간 그걸 기억해내면서 그것이 의식 세계의 한 부분으로 재편되고, 그 결과 부득불 무의식적 억제를 하느라 사용하던 정신 에너지가 줄어들면서 훨씬 자유로운 사람이 될 수 있다. 아쉽게도 그는 이미 잘 알고 있는 사건을 현재 상황을 설명하기 위해서 끌어오고는 그게 무의식적 원인이라고 믿고 있었다.

심리학이 대중화되면서 삶의 문제를 성찰해야 한다는 필요성을 인정하고 또 그 방면에 노력을 기울이게 되었다는 점은 무척이나 반가운 일이 아닐 수 없다. 상황이나 운명에 책임을 돌리는 것에서는 벗어났기 때문이다. 하지만 부작용도 만만치 않다. 이를 '심리화心理化'의 문제라고 칭할 수 있다. 한 개인의 현재 정신 상태를 심리 용어로 모두 치환하는 것이다. 이렇게 하면 얼핏 모든 문제가 명료해지는 것 같아 보인다. 속 썩이던 '왜'에 대한 대답이 내려진 것 같기 때문이다. 하지만 분명한 문제도 있다. 심리화의 우를 범하는 이들은 원인을 과거에서 찾는다. 이미 지나버린 상황이기에 돌이키기 어려운 과거에서 현재 상태의 원인을 찾아 '독박'을 씌운다. 그 결과 현재 상황에 대해 '그러니 이럴 수밖에 없지'라며 합리화를 하게 된다.

그들은 과거에 일어났던 부모의 학대, 친구의 따돌림, 가정 경제 상태의 어려움 등이 지금 겪고 있는 불행의 근원이라 믿는다. 언뜻 보아 명쾌하고 분명하다. 기승전결이 확실하고, 원인과 결과가 분명하다. 하지만 설령 그게 맞다고 해도 문제는 남는다. 설명은 잘된 것 같지만 고정변수인 과거를 원인으로 돌려버리니 현재의 불행은 앞으로도 지속될 수밖에 없다는 매우 합리적인 결론에 도달하지 않을 수 없게 되는 것이다. 앞에서 과거는 돌이킬 수 없다고 얘기했듯이 이건 고정불변의 값이다. 그러므로 내 인생은 이미 망한 거다. 그런 일이 없는 사람과 경쟁에서 이길 수 없고, 과거 사건의 피해자인 나는 그 결과물로 오늘이 우울하고 만족스럽지 못하다고 결론을 내린다. 그 결과 나의 내일도 순리로 따져보면 계속해서 좋은 일은 벌어지지 않을 확률이 훨씬 높다는 '1+1=2' 수준의 상식적 산수로 결론을 내리게 된다.

과거에는 객관적으로 보아도 분명하고 뚜렷한 증상이 일정 기간 사라지지 않을 때에만 병원을 찾아가 의사를 찾았다. 하지만 최근에는 삶의 큰 흐름 속에서 불가피하게 맞닥뜨리게 되는 정상적 발달 과제로 인한 갈등과 고민, 주관적 불편함을 '질환의 범주'로 놓고 의사를 찾아가 상담하고 해결하려는 경향이 증가했다. 삶의 어려움을 의료화하고 더 나아가 심리화하려는 것이다. 특히나 최근 들어 심리학이 대중화되고, 상담 영역이 넓어지면서 이런 오남용의 우려가 더욱 커지고 있다. 나는 물론 의사나 전문적 정신치료자 이외에는 절대로 상담을 해서는 안 된다고 말하는 것은 아니다. 그러나 수많은 자격증을 만들고, 수련 프로그램을 만드는 바람에 자칭 '상담사'라 하는 사람이 너무 빨리 늘어났다. 또 사회사업, 목회 상담, 놀이 치료, 예술 치료와 같은 직업의 영역에까지 상담이 끼어들어가게 되면서 성공적 종결을 바라는 초보 상담사들의 성급함이 사람들의 마음에 심리화를 부추기는 것을 많이 보았다.

10대 중반의 학생이 우울증으로 학교를 가지 못할 정도가 되어 입원을 했다. 단기간 입원해서 휴식을 취하고, 가족 내 갈등의 긴장 수준을 낮추고, 약물 치료를 시작해 아이는 힘을 다시 얻어 학교로 복귀할 수 있었다. 한 달 정도 지난 후 어머니가 아이와 함께 진료실을 찾아왔다. "선생님, 왜 아이랑 상담을 안 하세요?" "네?" "외래에서 10분 정도 진료만 하시잖아요. 깊은 상담을 해서 아이의 마음 깊은 곳까지 다 털어내야 아이가 좋아지잖아요." 엄마가 옆에 붙어 있는데, 자기 생각을 솔직하게 털어놓는 10대는 없다. 또 그 시점에 여전히 마음이 아프고 허약한 아이가 내면을 바라보도록 유도하는 것은 자칫 위험할 수도 있는 일이었다. 나는 찬찬히 설명을 했지만 실망한 엄마의 표정은 달라지지 않았다. 병원을 다니면서 상담을 함께 받기로 한 아이는 몇 달 후 내게 따로 이야기를 하자고 했다. 엄마를 내보내고 얘기를 해보라고 하니, 아이의 머릿속에 어떤 프레임이 이미 탑재됐다는 것을 발견할 수 있었다.

이전에 상담 선생님과 상담을 몇 달 해보니, 지금의 우울증은 어릴 때 부모가 이혼 직전까지 싸운 일을 본 것, 엄마가 자기가 여섯 살 때까지 직장을 다녀서 할머니 집에서 지내면서 외로웠던 것, 아빠가 밤에 술을 마시고 들어와 술 냄새를 풍기면서 볼에 뺨을 비빈 것이 트라우마적 사건으로 남아서 이에 대한 공격성이 내재화된 것이 우울증의 원인인 것을 알 수 있었다고 하는 것이었다. 어떤 부모가 젊은 시절 한두 번 대판 싸우지 않을까? 직장을 다니는 여성이 외가나 친가 조부모에게 양육을 맡기는 일은 다반사요, 술 먹은 아빠의 행위가 상식에서 벗어나는 수준의 행동은 아니었는데, 그런 구슬들을 꿰맞춰서 나름의 스토리를 만들어버린 것이다. 이건 치료적이라기보다, 도리어 반反치료적이었다. 이제 아이는 엄마를 자신의 현재 상황을 만든 원흉으로 보기 시작했다. 엄마가 원해서 시작한 상담이 가져온 부정적 결말이었다.

상담 전반을 비판하려는 것이 아니라, 이와 같이 누구에게나 있을 수 있는 사건들을 하나하나 꿰맞춰서 조금씩 극화하면 충분히 극적인 이야기를 만들어낼 수 있다는 점을 지적하고자 하는 것이다. 정신역동이란 그런 측면이 분명히 있다. 주관적인 기억과 감정의 편린을 재구성한 것이다. 그걸 조장할 필요는 없는데, 최근의 심리화 경향은 이런 식으로 몰고 갈 위험이 분명히 있다. 이것이 심리화의 첫번째 부작용으로 문제를 해결하려는 노력을 하기보다 과거 불행의 원인 제공자를 탓하는 감정을 되새김질하고 있게 만든다. 결국 흔히 일어날 수 있는 우연한 불행들을 흔치 않은 비극으로 발전시키고 만다. 두번째 문제는 정상적 삶의 문제를 특수한 증상으로 치환한다는 것이다. 삶의 문제를 불안, 우울, 산만함 등으로 증상화하면서 이 증상만 해결하면 모든 문제가 다 해결되어 완벽한 존재로 거듭날 것이라 믿는다. 모든 문제는 현대인의 정신질환 때문이니 이를 잘 잡아내서 해결하면 된다고 여긴다.

심리화에 빠진 사람들은 주관적 불편함에 이름을 붙인다. '우울' '불안' '공황' '불면'으로. 그리고 이들 증상을 모아 '우울증' '공황장애' '불면증' '적응장애'란 이름의 질환으로 진단한다. 그러고 나서는 의사를 찾아가 상담해서 해결하거나 약물로 증상을 빨리 없애기를 원한다. 삶의 어려움, 극복하고 넘어가야 할 인생의 도전과제를 증상과 질환으로 만들어 의료화하려 하고, 심리화한다. 이런 흐름의 문제점은 사회의 구조적 문제보다 개인의 존재론적 결함에 무게를 더 싣는다는 것이다. 한 개인의 불행이 거시적인 사회의 변화와 그 속의 불균형, 불평등에 의해 발생할 수 있다는 것을 고려하지 않고, 그 사람의 결핍이나 능력 부족으로 인해 발생하는 개인적 증상 때문이라 여기는 것이 우선시되는 것이다. 이는 세상은 잘못한 게 없는데 내가 못나서 힘들어하고 낙오하고, 결국 병까지 얻게 되었다라고 생각하게끔 만든다. 그리고 개인의 아픔을 의료의 치료 대상으로 삼아 알아서 자기 돈을 들여 고쳐서 다시 개인적 경쟁의 세계로 뛰어들라고 부추긴다.

역학조사를 해보면 저소득층에 우울증 환자가 많다. 환경의 영향으로 우울증이 많이 발생한다는 해석이 주도적이지만 한편에서는 대인관계에서 경쟁력이 떨어지고, 집중력, 지구력이 약한 우울증 소인이 있는 사람들이 경쟁에서 밀려나서 저소득층에 모이게 되었다는 논리로 설명하는 학자도 있다. 후자의 논리가 바로 심리화를 오용하거나, 사회적으로 악용하려 할 때 이용될 수 있는 논리의 하나라고 생각한다. 이런 논리가 세상을 주도하면 하류층 인생이 구질구질하고 우울증에 빠져 허우적거리는 것은 그들의 잘못 탓이라 여기게 만든다. 태어나기를 못난 존재, 재능이 없는 존재, 재수 없게 태어난 불량품이라고 생각하게 한다. 이는 사회 변화와 불균형의 정상화를 요구할 의욕 자체를 갖지 못하게 한다. 그리고 이런 이데올로기의 최대 수혜자는 바로 상류층이다.

중산층 전문직도 이런 심리화의 함정에서 자유롭지 않다. 심리화로 인해 증상을 빨리 찾아내고 질환을 빨리 진단할 수 있게 되었지만 이를 외부에 알리는 것은 두렵다. 전문직은 자신의 몸이 재산이고, 중산층은 언제든지 하류층으로 떨어질 위험이 상존하는 집단이기 때문이다. 개인의 결함이 외부에 드러난다는 것은 자신의 가치가 떨어지는 것, 경쟁력이 없어졌다는 것을 자인하는 것에 다름 아니다. 진짜 죽을 만큼 문제가 생기기 전까지는 문제를 드러내지 않으려고 애를 쓴다.

심리화의 영향으로 문제를 인식하는 시간은 앞당겨졌으나 그만큼 불편을 감수한 채 살아가는 시간은 더 길어졌다. 현대사회에서 내면의 성찰은 중요한 일이다. 그리고 꼭 필요하다. 그러나 모든 문제를 오직 심리로만 풀어서는 안 된다. 털어서 먼지 안 나오는 옷이 없듯이 심리화의 잣대를 들이대면 거기 걸려들지 않을 문제는 하나도 없기 때문이다. 한번 심리화의 덫에 빠지면 헤어나오기가 어렵다.

정상의 범위를 넓히려는 노력: 너무 좁은 스트라이크 존

자신을 비정상이라고 여기는 정상인이 늘어났다. 심리화가 여기에 한몫을 해서 비정상적이라 여기는 자신의 모습을 쉽게 설명하고 거기에 이름을 붙인다. 강박, 우울, 불안이라고. 이 문제는 하나하나 풀어가야 하는데 그 첫 단추 중의 하나가 정상定常에 대한 정의를 다시 하는 것이다. 우리의 삶은 정상頂上을 추구하기를 원하지만 일단은 정상定常임을 확인하는 것부터 시작해야 하지 않을까.

"불안해서 힘들어요." 진료실에서 가장 많이 듣는 말이다. 그다음은 "우울해요"다. 그들은 모두 정말 병원 치료를 받을 만큼 불안하고 우울한 것일까? 친구들에게 "나 요새 우울해"라고 하소연하면 관심을 가져주기보다 "내가 더 우울해! 한번 비교해볼래?"라며 누가 더 우울한지 경쟁을 벌이는 게 지금의 현실이다. 모두 사는 게 힘든 탓도 있지만 우울함이 매우 주관적인 감정의 표현이기 때문이다. 혈색소 수치가 10

이하면 빈혈이라고 분명히 진단할 수 있지만 마음의 문제에는 적용할 만한 객관적 기준이 거의 없다. 그러니 우울하고 불안해서 힘들다면 최소한 본인에게는 비정상인 것이다. 가뜩이나 사는 것이 힘든데 불안하기까지 하니 불편하기 짝이 없다. 어느 순간부터는 사회에서 살아남을 능력이 없는 존재라는 생각까지 하게 된다. 정말 그런 것일까?

우리는 살면서 힘에 부치고 불편한 면을 불안과 우울이라는 증상으로 바로 이름 붙이려 한다. 넘어져서 까진 상처에 연고를 바르고 붕대를 감고 나면 문제가 해결되듯이 불안하다는 증상을 약이나 상담으로 없애면 인생도 제자리를 찾을 것이라 믿는다. 안타깝게도 마음의 문제는 의식 위에 튀어 오른 증상만 때려잡는다고 해결되지 않는다. 증상은 여러 원인으로 인해 발생하는 결과적 현상일 뿐이고, 지금의 상태를 알려주는 지표에 불과하다. 내 몸이 내게 보내는 신호라고 할 수 있다. 이 증상을 잘 받아들이고 여기에 맞춰서 나의 마음을 재조정하거나 환경을 변화시키는 것이 필요하다. 그러나 더 많은 사람들은 증상이 발생하는 순간 매우 불편해하면서 이게 어떻게든 빨리 없어지기만을 바란다. 왜냐하면 불안과 우울이 있는 한 자신의 완벽함이 구현될수 없고, 경쟁력이 떨어질 것이기 때문이다. 빨리 증상을 없애 다시 완벽한 존재로 거듭나기를 바랄 뿐이다.

이런 생각을 하는 사람들은 특히나 불안과 우울의 역치閾値, 자극에 대한 반응을 일으키는 데 필요한 최소한도의 자극의 세기가 낮은 경향이 있다. 비정상적 증상이라 여기게 되는 것은 마음 안의 정상의 범위가 지나치게 좁기 때문이다. 양궁으로 비유하자면 10점 만점을 맞아야 정상이고 조금이라도 빗나가면 잘못된 것으로 인식하는 것이다. 6점 이상의 과녁에 꽂으면 괜찮게 했다고 여기는 사람과 불안을 느끼는 사람 사이의 인식은 그 온도차가 클 수밖에 없다. 이렇게 완벽을 지향하며 정상의 범위를 좁게 정의하고 여기서 조금만 벗어나면 문제라고 여기는 사람은 운신의 폭이 좁을 수밖에 없고, 환경이 조금만 변해도 바로 영향을 받는다.

여기에는 갈수록 경쟁이 심화되는 가운데 한 번이라도 실수하면 바로 경쟁에서 탈락시켜버리는 사회문화적 영향이 크게 작용한다. 시험에서는 작은 실수도 실패를 의미하니 만점을 지향해야 하고, 취업을 위해 학점뿐 아니라 봉사나 외모까지 모든 스펙을 꼼꼼하게 준비해야 한다고 가르치는 것이 요즘 우리 사회 모습이다. 이들이 바라는 정상은 심하게 건강한 '수퍼노멀supernormal'이다. 완벽을 유지해야 하는 것이다. 그러나 그것은 비현실적이고 바람직하지도 않다. 정상을 추구한다는 것은 피트니스 클럽에 가서 운동을 시작하면서 "식스팩을 만들고 유지할래요"라고 몇 달 후 자신의 모습을 그리는 것과 같다. 식스팩을 유지하는 사람들의 인생은 고달프다. 하루 종일 운동해야 하고, 닭가슴살만 먹고, 삶의 많은 것을 희생해야 한다. 우리가 보는 배우나 모델도 사실은 일정한 시간만 운동하고 절식을 함으로써 몸을 만든다. 그런데 우리는 1년 내내 식스팩을 유지하는 체지방 2퍼센트의 몸과 같은 마음의 상태를 유지하기를 바라고 있다. 역치가 낮은 불안도 문제지만, 자신이 그리는 정상의 목표치가 비현실적인 것도 역시 문제다.

갈수록 정상의 범위는 좁아져서 완벽과 유사해지고 여기서 조금이라도 벗어나면 문제가 있는 고쳐야 할 증상을 가진 대상이 되어버린다. 사실 정상과 비정상의 경계는 낮과 밤을 가르는 경계를 분명히 시간으로 정하기 어려운 것만큼 모호하고 주관적인 면이 많다. 그러다보니 객관적으로 보면 평균 이상인 사람들도 주관적으로는 항상 모자라고, 문제가 있다고 여기며 살아가기 쉽다. 이런 환경에서는 불안과 우울을 호소하는 사람이 늘어날 뿐이다.

건강함이란 자신이 완벽할 필요가 없다는 것을 인식하는 것에서부터 시작한다. 증상을 없애려 하기 앞서서 먼저 자신이 정상의 범위를 너무 좁게 설정하고 있는 것은 아닌지 확인하고 조금씩 이를 넓혀보려는 시도를 하는 것이 필요한 이유다. 그런 눈으로 보면 웬만하면 정상 범주에서 벗어나기 어려운 사람이 더 많다. 완벽하게, 열심히, 최선을 다해야 한다는 강박의 갑옷을 먼저 벗어야 한다. 그런다고 세상이 무너지지도 않고, 내 삶의 경쟁력이 단번에 사라지는 것도 아니다. 그걸 확인한 다음에 차근차근 정상의 범위를 넓혀본다. 이 정도 게을러도, 이 정도 무질서해도, 요 정도만 노력해도 대세에는 지장이 없고, 도리어 나도 편하고 남도 편하고, 결과물 역시도 좋다는 것을 확인하게 될 것이다.

그릇이 작아서요: 그릇은 다 거기서 거기다

40대 회사원 동욱씨가 불면과 두통이 심하고, 자꾸 짜증이 난다면서 상담을 하러 왔다. 지금까지 열심히 살아온 동욱씨는 회사에서 업무도 잘하고, 대인관계에서 평판도 좋고, 가정에서도 주말만큼은 아이들과 많은 시간을 보내려고 노력을 하는, 여러모로 보아 나무랄 데가 없는 사람이었다. 최근에 승진 시험을 준비하느라 늦은 밤에 공부를 하는 게 힘이 들긴 하지만 다 자신을 위한 것이라 생각하며 하니 많이 힘들다고 느끼지는 않았다고 한다. 그런데, 한 달 전부터 어느 순간 짜증이 확 솟구치는 것을 경험하기 시작했다. 평소 같으면 가볍게 지적하고 넘어갈 후배의 실수에 대해 정색을 하고 야단을 쳤다. "김대리, 내가 몇 번을 주의해서 계산하라고 얘기했어? 이래 가지고 내가 일을 맡길 수 있겠어?" 김대리도 사람 좋은 동욱씨가 정색을 하고 화를 내는 것에 놀랄 뿐이었다.

한번 봇물이 터지고 나니 집에서도 마루에서 뛰어노는 아이들에게 빨리 자라고 소리를 치기도 했다. 짜증을 내고 난 다음에 '아, 속 후련하다'라는 기분이라도 느꼈으면 좋으련만, 바로 미안해져 후회를 하면서 몸 둘 바를 모르는 일이 반복되었다. 시간이 지속되어도 좋아지지 않자 나를 찾아온 것이었다. 그의 말을 모두 듣고 난 다음에 나는 "문제가 뭐라고 생각하십니까?"라고 물었다. 그러자 동욱씨는 한숨을 푹 쉬면서 말했다. "이게 다 제가 그릇이 작기 때문이죠. 어떻게 하면 그릇을 크게 할 수 있을까요?" 동욱씨는 이 문제가 마음의 그릇이 작기 때문에 겨우 요 정도의 스트레스도 담아내지 못해 생긴 것이라 자책을 한 것이다. 그러나 그의 생각은 틀렸다. 우리 마음이란 그릇은 절대 어느 정도 이상 커질 수 없기 때문이다.

흔히 우리는 어떤 사람을 평가할 때 "이 정도의 그릇밖에 되지 않는

구나"라고 말을 하고는 한다. 마음 수양을 통해 자신의 그릇을 키우자고 다짐을 하기도 한다. 내가 꽤 오랜 기간 상담을 하고, 나 또한 정신분석을 받아보면서 내린 결론은 사람의 그릇이란 타고난 모양 그대로에서 크게 벗어나지 못한다는 것이다. 평균분포곡선의 측면에서 볼 때 90퍼센트 이상의 사람들은 흔히 말해 '한 컵'정도 크기에 분포해 있다. 여기서 조금 작고 큰 차이가 있을 뿐이다. 아주 적은 일부가 냉면 그릇 크기의 큰 배포를 갖고 있다. 그들은 수련을 통해 큰 그릇을 갖게 된 것이라기보다 타고난 것이라고 보는 것이 좋다.

이는 키와 유사하다. 대한민국 성인 남성의 키는 150에서 185센티미터 사이에 있다. 부모의 키를 합친 것을 반으로 나눈 것에서 아주 많이 벗어나기 어렵다. 어릴 때부터 매일 우유를 마시고, 키 크는 운동을 한다고 해도 부모의 키가 작달막한데 농구선수 서장훈만큼 2미터 넘게까지 자라기 어렵다. 타고나기를 키가 큰 사람이어야 가능한 일이다. 이것이 자연의 섭리다. 마음의 그릇도 마찬가지다. 그런데도 불구하고 사람들은 자신의 그릇이 커지기를 바란다. 커지고 나면 어떤 인생사의 스트레스라도 다 받아들일 수 있을 것이라 믿는다. 나는 그걸 문제 해결을 위한 방법으로 여겨서는 안 된다고 생각한다. 반대로 그릇의 크기는 타고난 것이고 한정되어 있다는 걸 인정하는 것에서 문제 해결은 시작된다.

지금 사회생활을 어느 정도 해온 사람이라면 그 누구라도 컵 치고는 괜찮은 컵을 지녔다고 할 만하다. 사회생활을 해왔다는 건 최소한 그릇 크기가 소주잔만큼 작아서 스트레스라는 물을 조금만 부어도 바로 넘치는 그런 존재가 아니라는 걸 보여주는 증거다. 이제는 나란 컵이 냉면 그릇만큼 커지는 방향으로 노력을 하기보다, 한정된 컵을 어떻게 하면 잘 활용할까 고민을 해야 한다. 그게 현실적이고 합리적인 고민의 방향이다.

우리 마음의 컵은 보통 일정한 양이 흘러들어오고, 또 일정한 양이 빠져나가도록 디자인되어 있다. 그런데, 만일 들어오는 양보다 나가는 양이 적으면 컵이 꼭대기까지 차올라온다. 짜증이 난다는 것, 뭔가 아슬아슬하게 느껴지면서 하루 종일 긴장감이 드는 것, 화를 벌컥 내는 것은 모두 나라는 컵이 넘치기 직전이 되었다는 것을 의미하는 신호다. 그러니 짜증이 나는 일이 생기면 자책을 하기보다는 그걸 '몸이 내게 보내는 신호'라고 받아들여야 한다. 지금 나라는 컵이 한계까지 차올라서 넘치기 전이니 조심하라는 뜻으로 말이다. 이때에는 무리해서 계속 나아가기보다 일단 멈추어야 한다. 나아갔다가는 앞의 동욱씨와 같은 일이 생기기 때문이다. 잠시만 기다리다보면 내 마음의 수위는 서서히 안정권으로 돌아올 수 있다.

어려운 일이 아니다. 이런 일이 자주 반복된다면 어디서 물이 많이 유입되는지, 아니면 물이 빠져나갈 구멍이 막힌 데는 없는지 찾아보기를 바란다. 어디인가에 문제가 생겨서 나란 그릇이 넘칠 정도로 수위가 올라왔을 것이 분명하기 때문이다. 컵 안에 얼음이 들어 있으면 조금만 물을 부어도 바로 차올라오듯이 얼음덩어리가 있는지도 알아보는 것이 좋다. 여기서 얼음이란 일시적인 근심거리를 의미한다. 만일 얼음이 있다면 그걸 꺼내거나, 녹이려 노력하면 문제는 나아질 것이다.

내 마음의 그릇을 키우자는 생각은 언뜻 이상적인 해결책으로 보일지 모른다. 하지만 이는 실현 가능하지 않은 바람이다. 그보다는 나라는 한정된 그릇의 크기를 받아들이고, 어떻게 하면 그 컵의 쓰임새를 잘 찾을까를 고민하는 것이 우리가 삶을 잘 경영해나가는 현실적인 방법이다. 컵 안의 물 수위를 안정권으로 잘 유지할 수 있으면 일상생활에서 맞닥뜨릴 어지간한 문제들은 별다른 어려움 없이 헤쳐나갈 수 있을 것이다. 그러나 컵이 찰랑찰랑한 상태가 계속되면 아주 사소한 일상의 문제도 바로 컵을 넘치게 하는 원인이 될 것이다. 작은 일에도 짜증이 확 솟구치고 화를 내게 되는 것은 이 때문이다. 실상은 그저 내가 내 그릇을 잘 운용하지 못한 탓인데 자칫 내 존재 자체를 속 좁은 사람으로 만들어버려서는 안 되지 않겠는가?

생활의 밸런싱

방송활동을 중단했던 정형돈이 복귀를 했다. 한때 그는 예능 4대 천왕으로 불렸고, 〈무한도전〉에서 미친 존재감으로 인기를 누렸다. 2015년 하반기까지 수많은 프로그램을 맡았던 그가 갑자기 불안장애 치료를 위해 전면 휴식을 선언했었다. 그 기간이 1년 가까이 이어지나 싶더니 2016년 진행하던 프로그램 MC로 복귀했다.

하지만 그는 그의 복귀를 기다리던 팬들의 비난의 표적이 되어버렸다. 이상한 일이었다. 살펴보니 그의 지금을 있게 했고, 방송활동의 소위 '가운데 토막'이라 할 〈무한도전〉에는 복귀하지 않고 나머지 프로그램만 하기로 했기 때문이다. 〈무한도전〉의 열성 팬들로서는 이해할 수 없는 일이 벌어진 것이다.

팬들은 정형돈 없이 프로그램을 만들어오면서까지 오랫동안 그를 기다려온 다른 멤버들을 봐서도 그래서는 안 된다며 강한 비난을 퍼부었다. 팬의 비난을 떠나 현실적으로 봐도, 토요일 저녁 시간에 최고의 인기를 누리며 화제를 모으는 〈무한도전〉이라는 '국민 예능' 프로그램을 자기 손으로 떠나보냈다는 것은 이해하기 힘든 일이었다.

사람들의 인기로 살아가는 예능인이 가장 중심이 될 프로그램을 포기한 채 다른 프로그램만 선택한 것은 합리적이지 못한 선택으로 보이는 게 당연했다. 아직 정형돈 씨의 마음의 병이 다 낫지 않았기 때문이었을까?

하지만 나는 반대로 그의 결정은 오랜 고민 끝에 내린 절묘한 선택이란 생각이 들었다. 돌이켜보면 〈무한도전〉은 10년 전 기차와 달리기 시합을 하거나 목욕탕의 물을 퍼내는 것 같은 애교스러운 도전으로 시작했다. 시간이 지나며 점차 규모가 커졌고, 봅슬레이나 프로 레슬링에 도전하는 등 상상 이상의 업그레이드를 해왔다. 정형돈이 방송중단을 결정하기 전에 촬영한, 그가 중국 오지의 절벽 같은 좁은 길에서 가마를 메는 영상은 시청자의 가슴을 졸이게 했다. 〈무한도전〉이 시청자들의 열광을 얻는 이유는 이런 엄청난 도전정신에 있다. 그러나 그걸 해내는 출연자에게는 스트레스가 이만저만한 게 아니었을 것이다. 매번 녹화를 하러 가야 뭘 하는지 알 수 있고, 신체적, 정신적 한계에 다가가는 미션을 주고, 단기간 외국 촬영을 하고, 어떤 때에는 장기 프로젝트로 농사를 짓고 스포츠댄스를 배워야 한다. 이 모든 것을 동시에 진행한다는 것은, 다른 활동을 하기 어렵다는 점은 차치하고서도 〈무한도전〉 속에서 하는 일에 대해 예측을 하고, 완급 조절을 할 여유를 기대할 수 없다는 것을 의미했을 것이다. 바로 거기에 정형돈의 스트레스와 불안의 핵심이 있지 않았을까?

인간의 정신력은 훈련과 경험에 의해 강해지기는 하지만 분명한 한계가 있다. 앞에서 썼듯이 사람의 그릇이란 거기서 거기다. 어떤 사람은 주어진 요구에 비해서 나의 능력이 미치지 못할 때 그 상황을 스트레스로 경험한다. 특히 앞날에 대한 예측 가능 여부와 자신의 조절 능력 여부가 스트레스를 경험하고 그에 대응하는 방식에 큰 영향을 미친다. 예측이 불가능하고 자신이 주도적으로 조절하는 데 어려움이 있을 때 스트레스는 배가되어 불안으로 이어지기 쉽다. 이런 상황에 맞는 응급조치는 일단 물러나서 쉬는 것이다. 이제 충분히 쉬었다고 치자. 그다음 해야 할 것은 다가올 스트레스를 선별해내고, 능력의 객관적 한계를 인정하는 것이다. 일이 잘 풀릴 때면 "물 들어올 때 노 젓는다"며 열심히 들어오는 일 마다하지 않고 하기 쉽다. 하지만 잘못 그러다간 그 물에 휩쓸려버릴 위험이 있다.

그 어느 누구라도 감당하기 어려운 상황이 되었을 때 쥐고 있는 것을 과감히 포기해야 할 때가 꼭 온다. 이때 제일 큰 덩어리를 미련 때문에 놓지 못하기 쉽다. 대신 자잘한 다른 것들을 버리면서 어떻게든 견뎌보려 애쓴다. 그러나 정형돈은 달랐다. 내가 놀란 것은 그가 가장 가치가 큰 것을 과감히 포기했기 때문이다. 그가 엄청난 대인이기 때문일까? 아니었을 것이다. 당연히 아쉽고 아까웠을 것이다. 또 미안했을 것이다. 그렇지만 큰 덩어리를 포기했기 때문에 숨통이 크게 트였을 것이고, 〈무한도전〉의 예측 불가능성을 배제함으로써 다른 활동에서의 주도적 조절 능력과 예측 가능성을 높일 수 있게 되었을 것이다.

10년 전 〈무한도전〉을 시작할 때에는 전심을 다해 몸과 마음을 〈무한도전〉에 투자하고, 또다른 프로그램을 시작해도 되었다. 그러나 지금은 가정도 있고 아이도 있다. 그가 한번 판 밖으로 나와 쉰 후 선택한 것은 완전히 충전이 되었다고 다시 200퍼센트로 뛰어들어 불살라버리는 태도와 열정이 아니었다. 일과 가정 사이의, 일과 자신의 삶 사이의 밸런싱을 가장 최우선의 가치이자 지켜야 할 태도로 선택한 것이다. 비록 토요일 저녁 시간에 공중파 TV에 나오지 못하고, 매 방송마다 뉴스에 오를 화제를 만들어내지 못할지도 모른다. 대신 그는 자신이 충분히 조절하고 예측할 수 있는 한도 안에서 사회적 활동의 일정 부분을 희생하고, 일과 사적인 삶의 균형을 만들어내겠다는 결심을 분명히 한 것처럼 느껴졌다.

이는 스트레스를 잘 관리하기 위해 포기하는 용기를 보인 매우 적절한 선택이었다. 우리도 그와 마찬가지로 삶의 한 시점에 한계를 절감하며 과감한 포기의 결단을 해야 할 순간을 맞이할 수 있다. 이때 욕망의 고삐를 당기고, 삶의 밸런싱이란 가치를 먼저 떠올려야 소진과 방전을 막고, 소중한 가족과 삶을 지켜낼 수 있을 것이다.

7

마음의 다이닝
마음을 위한 식탁을 차리자

부서지지 않고 버텨내기

많은 이들이 불안과 우울을 호소한다. 이 둘은 비슷해 보이지만 성격이 180도 다르다. 앞서 말했듯 시간 축에서 둘은 반대 방향을 지향하고 있기 때문이다. 과거의 일에 대한 뒤돌아봄이 강하면 우울이, 앞날에 대한 두려움으로 움직이지 못하면서 과도한 걱정을 하면 불안이 강하게 영향을 미친다. 하지만 이 둘 모두 현재의 나를 옴짝달싹 못하게 하고, 삶의 만족도를 떨어뜨린다. 이와 같은 상황이 지속되면 지쳐가면서 어떤 근본적 두려움이 발생하게 된다. 바로 '부서져버릴 것 같다'는 무서움이다.

우리가 삶에서 갖는 가장 큰 두려움 중 하나는 '산산이 부서져서 형체를 알아볼 수 없게 되는 것'이다. 정신분석적으로는 '절멸공포 annihilation fear'라고 한다. 자아가 아직 취약한 유아기에 경험한 공포로, 자신의 존재가 '무'로 돌아가버릴지 모른다는 두려움을 느끼는 것이다. 이 공포는 자라면서 충분한 사랑을 받고, 애착이 형성되고, 자아가 발달하면서 깊은 심연으로 파묻히고 잊힌다. 어른이 된 후 심한 압박을 받는 상황이 오거나, 지금 어디로 가고 있는지 모르겠다는 느낌이 들어서 불안이 증폭하면 다시 절멸공포는 스멀스멀 의식 근처로 올라온다. 매우 강렬하고 끔찍한 공포이기 때문에 의식의 수면 위로는 잘 올라오지 않게 억압하지만 꽤 먼 곳에서 그 쿵쿵대는 발자국 소리를 들을 수 있다. 그 공포스런 그림자의 힘은 강렬해서 실체를 드러나는 순간 바로 나는 흔적도 남지 않고 부서져버려 가루만 남을 것이라는 두려움이 점차 또렷해진다. 그 압박감은 엄청나다. 내가 가루만 남아 재가 되어버리면 그것으로 그냥 무로 돌아가버릴 것이기 때문이다. 사회적 압박이 강해질수록 갖기 쉬운 두려움이다.

여기서 벗어나기 위한 마음가짐이 필요하다. 바로 '무너질 수 있지만 부서지지 않을 것'이라는 믿음이다. 우리는 생각보다 단단하다. 나는 내가 생각하는 것보다 강하다. 벽돌로 쌓아올린 집은 큰 충격에 무너질 수 있다. 무너진 것은 부서진 것과 달리 다시 지을 수 있다. 우리가 내외부의 충격으로 크게 흔들리다가 어느 순간 버티지 못할 때가 있는데, 이때 산산이 부서져버리는 게 아니라 대부분은 외관에 흠집이 나는 경우이고 최악의 경우 한쪽이 무너지는 정도로 끝난다. 빌딩을 일부러 폭파시키기 위해 폭약을 빈틈없이 장착하지 않는 한 부서지지 않듯, 이미 견고하게 잘 만들어져서 기능하고 있던 자아라면 쉽사리 부서지지 않는다. 그걸 믿어야한다. 거기서부터 시작해보자.

　두번째로 필요한 것은 '버티는 것만도 잘하는 것'이란 마음가짐이다. 외부에서 어려움이 닥치면 처음에는 온 힘을 다해서 막아내고 물리치려고 노력하지만 시간이 지나면서 서서히 지치고 무력감이 엄습할 수 있다. 계란으로 바위를 치고 있는 것은 아니었나하는 두려움이 커진다. 안 되는 게임에 괜히 들어와서 '노력'만 하다가 거덜이 나는 게 아닌가 무섭다. 그러나 만일 방향이 옳다면, 또 부서지지 않은 한에서 무너지더라도 다시 세울 수 있다면 버텨내는 것만으로도 최선일 수 있다. 앞으로 전진을 해서 승리를 하는 게 아니면 무조건 패배라고 생각하는 것을 그만둬야 한다. 버티는 것만으로도 사실은 굉장히 잘하고 있는 것이다. 그것은 진 것이 아니다. 그걸 명심했으면 한다. 게임은 아직 계속되고 연장전으로 돌입했을 뿐이다. 패배는 실패가 아니라 포기에서 온다.

　마음의 행복은 기쁨을 필요조건으로 여긴다. 그러나 사실은 괴로움이 없는 것도 필요조건이다. 이 둘은 함께 움직인다. 하지만 괴로움은 삶에서 완전히 사라지지 않는다. 행복을 추구하는 것은 그러므로 기쁨을 추구하는 것뿐 아니라 괴로움을 견디고 버텨내는 것을 포함해야 한다. 그런데 많은 사람들이 그걸 알지 못한다. 그래서 기쁜 일이 있어도 행복을 느끼지 못한다. 아니면 괴로움을 상쇄해버릴 강한 기쁨만 추구하고 그걸 얻지 못하면 불행하다고 여긴다. 기쁨은 중독성이 있어서 뇌와 마음은 점점 더 크고 강한 기쁨을 원한다. 그럴수록 괴로움에 대한 내성은 약해진다. 작은 불편감도 강한 괴로움으로 인식하게 된다. 이런 양극화가 사람을 힘들게 만드는 것이다. 우리가 불행해지지 않는 길, 작은 기쁨에도 행복을 느끼는 방법은 사실은 괴로움이 아예 없는 완전 무결한 무균실 같은 청정 상태를 만드는 것이 아니라 괴로움을 버텨내는 능력을 키우는 것이다. 그래야 어느 정도의 괴로움은 단순한 불편함 정도로 인식하면서 내 할 일을 하고 내가 가야 할 길을 갈 수 있다.

물론 이렇게 나의 마음가짐을 다잡는다고 모든 문제가 해결되는 것은 아니다. 이 다음은 어떻게 해야 할까. 일단 인정해야 하는 것은 세상은 변화하고 있고 나 또한 거기에 따라 적응해가야 한다는 것이다. 세상은 변했다. 라이프 스타일이 바뀌었고, 사회의 시스템이 변했다. 우리는 어떻게 해서든 거기에 맞춰서 살아남아야 한다. 사회는 집단이 해체되고 개인이 중심이 되는 방향으로 변화했다. 모든 선택의 자유도 개인에게 있고, 그만큼 결과에 대한 책임도 개인이 져야 한다. 정신분석학과 심리학의 발달은 그런 사회변화를 반영한다. 결국 개인의 자아가 강해지는 것이 문제의 근본적 해결책이라고 보는 것이다. 그러나 그것만으로는 부족하다는 것도 결국 드러났다. 정신분석을 몇 년 받는다고 해서 그가 초인적 능력을 갖게 되는 것은 아니다. 인간은 사회로부터 영향을 받고, 집단의 변화하는 흐름 속에서 혼자 고고하게 독립적인 정체성을 유지한 채 살아가기란 불가능하다. 아무리 그가 다이아몬드같이 잘 벼려진 단단한 개체가 된다고 하더라도 큰 흐름을 거스를 수 없다.

그래서 우리는 사회와 개인의 조화에 대해 고민을 해야 한다. 지금 사회는 둘 중 하나만 선택하라고 강요하고 있는 경향이 있다. 공동체의 일원이 되어 그 안에 일방적으로 흡수된다면 모든 사람이 똑같이 판단하고 행동하게 될 것이다. 그 반대는 집단의 힘이 너무 미약해져서 개인주의가 지나치게 강조되는 사회다. 여기서는 무한 경쟁, 패배자에 대한 잔인함, 사회적 고립과 우울증이 발생한다. 사회 속 개인은 진자 운동을 하는 존재이지만 지금 우리 사회는 한쪽으로의 쏠림이 매우 심하다. 양극단의 사이에 있는 것을 회색 인간으로 보고 두려워한다. 그 결과 극단적 단체인 어버이연합, 일베가 창궐하는 동시에 고독사, 1인 가족, 우울증, 자살 등의 현상이 폭발적으로 증가했다. 우리는 사회의 변화를 위해 개인 차원의 삶에서 어떤 노력을 할 수 있을지 고민해보지 않을 수 없다. 개인 각각의 변화가 모여서 큰 집단의 흐름을 바꾸는 것이야말로 더 자연스럽고 오래갈 수 있는 진솔한 변혁일 것이기 때문이다.

다양한 삶의 형태, 미혼이 아닌 비혼

지금 대세인 삶의 형태는 1인 가구다. 올해 초 행정자치부가 발표한 통계에 따르면 30년 전에는 4.8퍼센트에 불과했으나 2017년 1월에는 34.9퍼센트로 전체 가구유형 중 가장 높은 비율을 차지하게 됐다. 이제 "결혼 안 해?"라는 말은 호기심에 묻는 안부나 인사치레가 아니라 여러 의미로 폭력적이고 공격적인 말이 되었다. 결혼은 해야 하고, 애도 낳아야 한다는 삶의 방식에 대한 믿음은 폐기 처분할 시기가 온 것이다.

그런데 이런 사고의 전환이 없으니 정부는 '싱글세'를 내게 하겠다는 황당한 의견을 내놓는다. 실제로 1인 가구가 대세임에도 불구하고, 주거, 복지, 조세 등 여러 정책은 다인 가구 중심의 기조를 유지하고 있다. 현재는 법적으로 결혼을 하고, 가족을 이루고 있어야 복지 혜택을 받는 데 유리하다. 1인 가구의 증가를 비정상적이고 일시적인 상황으로만 보는 경향이 매우 강하다. 현재의 상황을 인정하고 1인 가구 국민의 삶의 질을 높이려 하지 않는다.

다행히 이런 정책을 바꾸기 위해 노력하는 사람이 있다. 진선미 국회의원이다. 본인이 그런 삶의 형태를 선택했기에 가능한 일이었을 것이다. 그는 혼인신고를 하지 않은 채 남자친구와 오랫동안 함께 살아왔다. 진의원은 호주제의 불합리성에 통감하여 이를 없애기 위해 노력했고, 2008년에 가족관계등록법 시행에도 관여했다. 이런 형태의 삶을 살며 많은 불편과 불이익이 있었지만 여기에 적응하기보다 기존의 관행과 생각의 고정 틀을 바꾸기 위한 노력을 계속한다. 그녀는 "세상에는 사람 수만큼이나 다양한 가족의 형태가 있고, 그런 사람들의 대표가 될 수도 있겠다는 생각을 했다"고 말한다. 그렇다. 세상에는 꼭 혼자 사는 사람과 둘이 함께 아이를 낳아서 기르는 두 가지 삶의 형태만 있어야 하는 것은 아니다. 매우 다양한 종류의 삶의 형태가 있을 수 있고, 또 그래야 한다. 다양성이 중요한 이유다.

혼자 사는 것을 '결혼을 못한 루저'로가 아니라 주체적으로 자기 삶의 형태를 결정한 것으로 인정해야 한다. 저출산 문제 해결을 위해 억지로 결혼시키고, 애를 낳지 않으면 벌금을 내게 하는 것은 얼마나 위험하고 폭력적인 생각인가? 일찍이 비슷한 정책을 펼쳤던 어리석은 정권이 있었다. 루마니아의 독재자 차우체스쿠는 정권을 잡은 후 루마니아가 유럽의 변방에 머무르는 이유가 인구수 때문이라 판단했다. 이런 판단은 1966년 피임과 낙태 금지법으로 이어졌고 이를 어기는 사람들은 큰 벌금을 내야 했다. 처음에는 정책이 효과가 있는 것같이 보였다. 일단은 출산율이 올라갔기 때문이다. 그런데 출산 후 양육할 능력이 안 되는 부모들이 아이를 버리기 시작했고 그 결과 루마니아에는 아이가 많은 가족이 늘어난 것이 아니라 수천 명 단위의 수용소처럼 운영되는 대규모 고아원이 증가했다. 이런 사실은 1989년 차우체스쿠 정권 붕괴 이후 세상에 알려졌다. 무조건 낳기만 하면, 둘이 같이 살게만 하면 된다는 생각만큼 기계적이고 폭력적인 것은 없다.

혼자 살든, 함께 살든, 모두 대한민국 국민이고 각자 속한 공간에서 잘 살아가기 위해 노력하는 존재다. 이런 사실을 받아들여야만 "한국이 싫어서" 무작정 외국으로 떠나는 청년들을 막을 수 있다. 출산율이 20년 후의 노동력 확보와 미래를 위한 준비라면 최소한 이 나라에 정나미가 떨어져 고국을 '헬조선'이라 부르며 인력이 떠나는 것은 막아야 하지 않겠는가. 이외에도 비혼, 싱글맘에 대한 적극적 지원 역시 필요하다. 2016년 12월 7일자 한겨레신문에 따르면, 프랑스는 1999년 동거가구의 권리를 보장하는 '시민연대협약PACS'을 도입한 후, 혼외출산이 지속적으로 증가추세를 보였다고 한다. 혼외출산을 공식적으로 집계하기 시작한 1994년에 혼외출산 비중이 전체 출산의 37.2퍼센트였는데 2013년 기준으로는 57.1퍼센트에 이르렀고, 1990년 1.76명이었던 출산율도 2009년 2.0명에 도달한 이후 비슷한 수준에서 안정적으로 유지되고 있다는 것이다. 프랑스뿐 아니라 다른 나라에서도 비혼 출산 비중이 높을수록 출산율이 높게 나타난다. OECD 국가의 혼외출산 비중 통계를 보면, 조사 대상 42개국 가운데 12개국의 혼외출산 비중이 50퍼센트를 넘겼고 42개국 평균치는 39.9퍼센트에 달했다. 비혼과 동거 가구에 대한 사회적 수용성이 떨어지는 편인 우리나라는 1.9퍼센트로 42개국 중 혼외출산 비중이 가장 낮은 나라다. 관련 통계가 있는 1981년의 1.1퍼센트에서 거의 제자리를 맴돌고 있다. 이에 비해 OECD 국가 평균치는 1970년 7.5퍼센트에서 1995년 24.2퍼센트, 2014년 40.5퍼센트로 큰 폭으로 늘었다. 지난해 한국은 출산율 1.24명으로 OECD 국가 중 꼴찌 수준이다. 출산 문제, 인구 절벽의 문제를 어디에서 어떻게 풀면 될지 그 출구가 쉽게 보이지 않는가?

다양성이 중요한 이유: 캐번디시 바나나와 ADHD

이제 삶의 형태에도 다양성이 필요하다. 그 이유를 바나나에서 찾을 수 있다. 어릴 때만 해도 최고의 과일은 바나나였다. 감기에 걸려 누워 있으면 친척들이 이거라도 먹으라고 바나나를 사다주고는 했다. 그렇게 맛있을 수가 없었다. 괜히 감기에 걸리고 싶다는 생각이 들 때도 있었다. 그런데 요새는 바나나가 하도 흔해서 아이들이 거들떠보지도 않아 검은색으로 변색되어버리기 일쑤다. 그런 바나나가 자칫 멸종될 위험에 처했다고 한다. 캐번디시라는 한 가지 품종만 키우기 때문이다.

캐번디시는 다른 품종에 비해 당도가 높고 쉽게 잘 자란다. 그래서 전 세계의 바나나 농장에서는 이 종만 키운다. 그런 와중에 캐번디시 바나나에 치명적인 TR4라는 곰팡이가 퍼졌는데 이를 치료할 방법이 없다고 한다. 예전 같으면 다른 종의 바나나로 대체할 수 있었는데 지금은 속수무책인 상태고 자칫하면 바나나가 멸종될 위기라는 것이다.

아무리 수익이 높고, 좋은 개체라고 해도 그것으로 단일화시키는 것은 위험하다. 심지어 주식 투자도 전문가가 달걀을 여러 바구니에 나눠서 담으라는 식의 조언을 한다. 삶의 방식도 그렇다. 고등학교를 졸업하면 대학에 들어가고, 취업을 하고, 서른 언저리에 결혼을 해서 마흔이 넘기 전에 아이를 낳고 키우는 단일한 형태의 삶을 우리 사회는 지켜왔다. 그 궤적에서 조금만 벗어나도 문제라고 생각하고 비정상이라고 판단한다. 이는 사회, 개인 모두에게 비극이다. 캐번디시 바나나에 치명적인 곰팡이 균이 나타나듯 사회에 급격한 변화가 나타났을 때 속수무책으로 당할 위험이 있다. 고전적이고 단일한 삶의 방식만을 고수하다가는 사회 전체가 동력을 잃고 고사할 위험이 있다.

이럴 때 필요한 것이 '다양성'이다. 삶의 방식의 다양성을 사회 전체가 용인하고 적극 권장해야만 한다. 비혼, 싱글맘, 동성 결혼, 셰어하우스 등 모든 삶의 형태를 존중하고 동등한 복지와 세금 혜택을 받게 하는 것이다. 혼인 신고를 하고 가족관계등록부에 이름을 올려야만 혜택을 받도록 해서는 안 된다.

이런 다양성을 확보하려는 취지는 우리 유전자에도 들어 있다. 세칭 '주의력결핍과잉행동장애ADHD'를 유도하는 산만함 유전자다. 진화심리학자들은 ADHD의 과도한 산만함과 충동적인 성향이 현대사회에서는 부적합하지만 수렵형 사회에선 매우 적합한 행동 특징이 될 수 있기 때문에 인간 전체 종의 생존을 위해 소수가 남아 있는 것이라고 설명한다. ADHD 인간형은 심사숙고하는 '문제해결형'이 아니라 일단 움직이고 보는 '즉각반응형' 인간이다. 재난 상황처럼 자원이 모자라고, 위험하고, 시간을 충분히 들여 선택할 수 없는 환경이라면 문제해결형보다 즉각반응형 인간이 위기를 벗어나는 데 훨씬 적응을 잘할 것이다.

〈24〉라는 미국 드라마가 있다. 잭 바우어란 주인공이 테러의 위협에 처한 국가를 24시간 동안 동분서주해서 지켜내는 내용이다. 한 편이 극중 한 시간을 묘사하는 현실감으로 박진감이 넘쳐서 큰 인기를 누렸고 시즌 9까지 제작되었다. 키퍼 서덜랜드가 주연한 잭 바우어는 동물적 감각을 갖고 있어서 감춰진 정보를 본능적으로 찾아내고, 수사기관 조직의 원칙에 따라 인권을 존중하며 법 절차에 따라 수사를 진행하기보다, 좋은 결과를 위해 즉각적으로 대응하며 일을 해결해나간다. 덕분에 미국은 구할 수 있었지만 결국 사랑하는 사람을 잃는다. 그래서 매 시즌의 앞부분은 청문회에 출석해서 지난 시즌에 벌어진 사건에서 절차를 지키지 않은 점에 대해 해명을 하는 장면으로 시작한다.

평화로운 시기에는 잭 바우어 같은 인물이 조직의 안정성을 위협하는 존재지만, 급박한 테러가 연쇄적으로 발생하는 위기상황에는 잭 바우어와 같은 즉각반응형 인물이 심사숙고하는 문제해결형 인물보다 훨씬 쓸모가 있다. 문제는 위기상황보다 평화로운 시기가 훨씬 길기 때문에 이들이 필요한 상황이 실제로는 자주 발생하지 않는다는 것이다. 그렇다고 이들의 존재를 없애서는 안 된다.

이제 우리 사회는 순도를 높이기보다 다양성을 최대한 확보해서 언제 어떤 일이 벌어지더라도 능동적이고 유기적으로 대응할 수 있는 안전망을 만들어놓는 것이 필요하다. 그러기 위해서는 소수의 삶의 방식에 관대하고, 이를 용인하며, 이들에게 동등한 복지를 제공해야만 한다고 생각한다.

달팽이와 조개는 4억 년간 생존해왔다. 달팽이는 최소 5만 종이 있기에 지구 역사상의 각종 변화와 재앙에도 불구하고 최상의 상태로 보존되었다. 시스템 안에 비균질성, 즉 최대한 많은 상이함을 유지한 것이 생존에 도움이 된 것이다. 균일한 것이 많아 모두가 평균값 주변에 몰려 있는 것은 위험하다. 모두가 똑같이 공부하고, 취직하고, 결혼해서 애를 낳고 사는 사회가 유토피아 같아 보이지만 사실 그렇지 않은 이유다.

소셜 다이닝: 가능한 연결망이 필요한 이유
—

몇 년 전 '소셜 다이닝'이란 단어가 등장했다. 한 번도 만나본 적 없는 사람들끼리 주제에 맞춰서 '밥 한 끼 먹고 헤어지는 모임'이다. 외국에만 있는 파티 형식이라 생각했는데 한국에서도 이를 주최하는 회사가 성업중이라고 한다. 외롭고 쓸쓸하지만 복잡한 관계에 엮이고 싶지 않은 사람이 꽤 많았던 것이다. 소셜 다이닝 플랫폼 제공을 표방한 '집밥'이란 회사의 시작은 단순했다. 아시아경제와의 인터뷰 기사(2015년 11월 12일자)에 따르면 집밥의 대표 박설미씨의 동생이자 공동 대표인 박인씨가 2012년 4월 페이스북에 '집밥이나 같이 먹어요'란 글을 올린 것을 계기로 활동을 시작, 같은 해 12월 사이트를 개설하며 본격적인 운영에 들어갔다고 한다. 10만 명이 훌쩍 넘는 회원수에 200개에 가까운 모임이 진행중이고, 누적 모임 수는 2만 건을 넘는다. 처음에는 혼밥이 싫은 사람들이 같은 주제로 얘기를 하면서 밥을 먹는 형태였다면 이제는 밥 모임 외에 꽃꽂이나 수제 맥주 만들기, 심리 테스트 등 모임의 주제가 다양해졌다고 한다.

박인씨는 2014년 11월 조선일보와의 인터뷰에서 사람들이 소셜 다이닝을 찾는 이유에 대해 "기존의 동호회나 모임 문화가 부담스러워서"라며 "1회성이 가볍다기보단 부담스럽지 않은 모임을 원하는 사람들이 많기 때문"이라고 했다. 여럿이 함께 있으면서 휩쓸리기는 싫고, 그렇다고 혼자서만 지내기는 불안하고 외롭다. 이런 사람들이 많아지면서 자연스럽게 적당한 수준의 타협점을 찾은 것이다.

목마른 자가 우물을 찾는다고 하지만 모두가 다 우물을 찾아 문밖으로 나가는 것은 아니다. 이런 모임을 탐색할 능력이 없거나, 그 정도로 모임이 간절하다고 여기지 않는 경우 그저 어정쩡하게 혼자 머무르기 쉽다.

중식씨는 스물네 살에 나를 처음 찾아왔다. 10대 중반부터 게임에 빠졌고 학교를 그만둔 채 히키코모리 같은 삶을 몇 년간 살았다. 대학병원에도 몇 군데 가서 입원 치료도 받아보았지만 그때뿐, 퇴원하고 나면 다시 이전의 삶이 반복되었다. 군대 제대 후에 잠시 검정고시를 준비했으나 몇 달 만에 포기하고 다시 게임과 인터넷에 몰두했다. 그렇게 몇 년이 흐르자 부모도, 중식씨도 이건 아니다 싶은 마음에 큰 결심을 하고 내게 찾아온 것이었다. 그런데 심리 검사에서도, 면담에서도 뚜렷한 이상 증상을 발견할 수 없었다. 우울증이 있는 것도, 조현병 증상이 있는 것도, 사회 공포증이 있는 것도 아니었다. 지능도 평균 이상이었다. 게임이 너무 좋아서 하는 것도 아니었다. "할 게 없어서요"라고 그는 말했다.

현실 세계에 발을 붙이게 하는 것이 무엇보다 중요한 일이라 좋아하는 것을 함께 찾는 데 많은 시간을 보냈다. 운전면허 시험을 보고,

피트니스 클럽에서 몸을 만드는 데 재미를 붙이면서 중식씨는 서서히 현실에 더 많은 관심을 보였다. 이후 지역 문화센터 제과제빵 과정에 등록을 했다. 처음으로 재미있는 일을 찾은 것이다. 몸은 고되지만 시간 가는 줄 모르고, 열심히 하게 된다며 점점 표정이 밝아져갔다. 이후 조금 더 수준 높은 공부를 하고 싶다는 마음에 6개월 과정의 학원에 등록을 했다. 아는 형과 친구가 생겼고, 더 나아가 여자친구까지 생겼다. 한 번도 접해보지 못한 네트워크가 만들어진 것이다. 이제는 서서히 나와의 관계를 끊어도 될 준비가 된 것이다. 학원에서 만나서 알게 된 사람들과 저녁에 만나 술도 한잔하고, 여행도 가더니 어느덧 함께 창업하기로 했다고 한다. 우연히 알게 된 사람들이 삶의 다른 단계로 넘어가는 데 가장 중요한 역할을 해준 것이다.

그처럼 부유하는 청년들이 우리 사회에는 많다. 닻이 되어줄 네트워크가 없기 때문이다. 중식씨는 그런 두려움을 이렇게 표현했다. "저는 고등학교 중퇴라서요. 누굴 만났을 때 몇 학번이냐는 질문을 받는 게 무서워요. 또 그동안 뭐했냐고 묻는 말에 뭐라고 대답을 해야 할지 모르겠어요." 우리 사회에서 너무나 당연히 묻곤 하는 것들이 이런 상황에 처한 젊은이들에게는 버거울 수 있다. 그런 그가 땅에 뿌리를 내릴 수 있게 도와준 것은 비슷한 고민을 함께 나누던 다른 청년들이었다. 형이나 동생 같은 편안한 관계를 만들되 너무 강요하지 않는, 느슨하지만 우호적이고 안전한 관계를 만들고 유지하면서 그들은 새로운 라이프 스타일, 네트워크를 만들어낼 수 있었던 것이다. 이제 중식씨는 내게 오지 않는다. 몇 년이 지난 지금, 아마도 그 형들과 함께 빵집을 잘 운영하고 있지 않을까?

우리 사회는 징글징글하게 혈연, 지연, 학연에 매여 있다. 하지만 이제는 거기서 벗어나야 한다. 이에 속하지 못한, 아니 속하고 싶지 않은 사람들끼리 느슨한 연대를 만들어 그 안에서 안전감을 경험하고 상호의존할 수 있는 자발적 네트워크들이 많아질수록 우리 사회는 다양해지고, 주류에서 벗어난 이들의 사회적 생존 가능성도 올라간다. 이는 그들뿐 아니라 기존의 방식대로 사는 사람들까지 포함한, 전체 공동체의 안녕을 위해 중요하다.

2016년 겨울 광화문 촛불집회에 모인 사람들의 마음도 아마 그랬을 것이다. 나 하나가 엄청난 일을 해내겠다는 것이 아니라, 작은 실천 속에서 네트워크를 만들고, 그것이 세상을 바꿀 수 있기를 희망하는 것이다. 상호의존성에 대한 믿음, 안전함과 자유로움, 단순한 메시지, 쉽게 실천할 수 있는 방법론, 강요하지 않는 분위기가 함께할 때 일상의 실천과 행동으로 발전할 수 있다고 믿는다.

중식씨와 같이 사회에 아예 편입하지 못하고 있던 사람뿐 아니라, 이미 혼자 잘 살고 있고 사회적으로는 1인분의 역할을 해나가는 사람들도 또한 허전하고 모자란 것을 느낀다. 그래서 자생적인 모임들이 많이 만들어지고 있다. 카피라이터 김하나씨는 몇 년 전부터 지인들과 모임을 하나 하고 있다. 이름하여 '얕은 지식 모임'이다. 10여 명의 친구들이 매주 돌아가면서 자기가 알고 있는 내용을 발표하고 공유하는 것이다. 그녀는 "잘난 사람이 있어서 그의 얘기를 듣는 게 아니라 사람들이 모여 있으면 그 사람의 마음 씀씀이건 태도건 배울 게 있으니까요"라고 말한다. 그녀에게는 이 모임이 일종의 '사회적, 정서적 안전망'이다. 서울 서촌에서 살거나 일하는 몇 명은 오가며 알고 지내다 어느새 가족 같은 사이가 되었다.

쿨이 기조인 세상, 혼자 잘 지내는 것을 선택한 사람이 더 많은 세상에 이게 가능할까? 그들은 매우 특수한 사람들일까? 그렇지 않았다. 그녀 역시 사람을 좁게 사귀는 편이었다. 그런데 어느 날 사는 게 너무 힘들어져서 동호회를 만들었고 몇 년이 지나 자신이 바뀌는 걸 경험했다. "그런 생활을 3년간 했더니 체질 개선이 된 것 같아요. 과거의 제가 너무 오만했던 것 같고요."

그녀는 다른 사람들에게도 적극적으로 권한다. 주변의 몇몇과 함께 이런 모임을 만들어보라고. 각자가 서로에게 작은 동심원이 되고, 파장이 생겨나고, '라포르rapport, 신뢰를 기반으로 한 관계'가 형성되면서 안전망이 짜이면, 얕은 지식 밑에 깊은 관계와 넓은 가능성이 자리하게 될 것이라고 말한다. 우리도 한번 이런 모임을 하나씩 만들어보면 어떨까. 사는 게 조금은 넉넉하고 덜 무서워질지 모른다. 연결됨은 나다움을 지키는 개성만큼 인간에게 소중한 일이다.

노는 게 일인 사람들
▬

2015년 11월 말 경기도 문화재단 주최로 '도시에

서 노는 사람들'이란 행사가 열렸다. 레고를 쌓아 만드는 브릭아트brick art 전시가 열렸고 '도시에서 어른들이 노는 법'이란 주제로 토크쇼가 있었다. 브릭아트 전업작가 하승범, 문화기획자 김유진, 장난감 수집가 현태준, 문화평론가 김봉석이 발표를 하고, 유자살롱의 이충한 대표와 내가 토론을 했다. 매우 흥미로운 자리였다. 입주를 한 지 10년이 채 안 된 깨끗한 고층 아파트 중산층 주민들에게는 이런 전시가 신기했을 것이다. 아이들의 놀잇감이라고 생각했던 레고로 엄청난 작품을 만드는 예술가가 되어, 전시도 하고 돈도 번다 하니 말이다. 이제는 세상이 그렇게 변했다. 자기가 좋아하는 일이라면 열심히 오래 하면 되는 것이다.

중독 수준의 어느 게임광은 단지 게임이 좋다는 이유만으로 대표적인 게임 회사 중 하나인 NC소프트에 지원을 했다. 학력은 보잘것없지만 게임을 매우 좋아하고 속속들이 잘 안다는 이유로 운 좋게 입사할 수 있었다. 그에게 처음 주어진 일은 허드렛일이었지만 게임을 너무 잘 아는 그는 점점 요직을 맡을 수 있었고 지금은 중견 간부가 되었다. 그는 당연히 자신의 회사를 진심으로 사랑하고 그곳에서 일하는 것을 자랑스러워한다. 부모 눈에 '게임만 하고 어떻게 살아갈지 걱정되던 아들'이 멋진 건물에서 전문가로 일하고 있다. 다른 대기업에 들어가려 공부만 했다면 안정적 인생을 살 수 있었을지는 몰라도 이처럼 하루하루 출근하는 게 재밌고 즐겁지는 않았을 것이다.

그날 토크쇼에 참여한 사람들이 갖는 궁금증도 이런 맥락에서 이해될 만한 질문들로 표현됐다. "전시회에 출품한 작품들을 가격으로 환산하면 얼마입니까?" "재미있는 일이지만 전업으로 하면 생활이 가능한가요? 결혼해서 애를 둘 낳는 그런 생활이요." "어른들을 위한 레고 블록방을 만들어 운영하면 비즈니스 모델이 될까요?" 등등. 질문자들의 호기심은 충분히 상식적이었다. 먼저 "얼마나 돈을 많이 쓴 것일까"와 "저것은 얼마 정도의 가치를 갖고 있는 것인가"를 궁금해했다. 그다음엔 놀이와 같은 일을 하면서 생활이 가능한지 알고 싶어했다. 이 모든 사고는 사실 기존의 삶의 태도를 낯선 상황에 그대로 대입한 것이다. 생활인의 입장에선 당연히 이런 부분을 고려하는 것이 옳다.

그렇지만 내가 말하고 싶은 '새로운 삶의 대안'이라는 관점에서 저런 질문은 초점이 맞지 않다. 브릭아트나 장난감 수집을 하는 이들은 처음부터 중산층 정도의 수입을 얻는 것을 목적으로 하지 않았다. 그냥 하다보니까 세상이 변화했고 지금의 포지션을 획득할 수 있었다. 그들의 목표 또한 결혼을 해서 아이 둘을 낳아 좋은 학교에 보내고 사교육을 시키고 30평대 아파트와 중형차를 소유하는 그런 삶이 아니다. 이 대안적 삶의 형태는 먼저 지향점부터 다르다. 여기서 대안적 삶의 기본형은 1인분이다. 1인이 스스로 자기 삶을 만들어가는 것까지가 현재 한국사회가 담보해줄 수 있는 평균치다. 아니, 그 정도라도 되기를 바라는 것이 이상적인 형태다.

이건 마치 틀에 박힌 교육이 싫어서 아이를 대안학교에 보낸 학부모가 대학은 최상위권 대학에 들어가기를 바라는 것과 같다. 그 둘은 사실은 양립하기 어려운 명제다. 그런데도 몇몇 예외적인 뉴스를 보면서 사람들은 두 가지를 다 잡으려고 한다. 우리는 그 욕망을 버리는 것에서 시작해야 한다. 물론 놀이와 풍족한 삶을 다 갖는 예외적인 경우가 있겠지만 그것은 확률이 매우 적을 수밖에 없다. 그걸 인정하고 나야 생각의 틀을 바꿀 여지가 생긴다.

그날 나는 중학생인 아들을 데리고 갔었다. 평소 브릭아트를 좋아해서 작가들의 닉네임을 잘 알고 있던 아이는 행사가 끝난 후 내가 작가들을 소개하고 함께 사진을 찍을 기회를 주자 마치 아이돌을 만난 것만큼 흥분했다. 요새 아이들에게는 그들이 아이돌이고 유명인사였다. 그리고 아이는 나오면서 "'덕후'라고 읍침하거나 자기 관리가 안 되는 사람들이 아니라서 너무 좋았어요"라고 했다. 동네에서 놀기 좋아하는 사람 좋고 호기심 많은 깔끔한 형들의 모습이었기 때문이다. 청소년기에 있는 아이의 고민 하나가 풀린 듯 편안해 보였다. 미래가 걱정이 되는 중학생은 취미가 직업이 되어 자신이 좋아하는 것으로 먹고산다는 것은 어떤 것일까 궁금했던 것이다. 그들을 희귀한 삶을 사는 변종으로 보지 않고 '충분히 생각할 수 있는 선택지 중 하나'로 보는, 시선의 변화가 일어났다는 것을 알 수 있었다.

직업 대신 일을 찾기

서울대에 입학하기란 참으로 어려운 일이다. 서울대만 들어가면 그다음부터는 인생이 훨씬 순탄해지리라 굳게 믿었다. 초등학교 때부터 쉬지 않고 달려서 바라던 서울대학교에 입학을 했다. 그러나 졸업해야 할 때가 되었는데도 학생들은 사회에 나갈 준비가 되지 않았다고 여긴다. 서울대 인문대 4학년 학생들의 취업난이 보도됐다. 학점과 토익 점수도 좋은데 번번이 대기업 취업에 실패하고 있다는 것이다. 그 영향인지 서울대 인문대 학생 중 50퍼센트 가까운 학생이 10학기 이상 등록하고 있다고 한다. 대책 없이 졸업해서 적이 없는 기간이 길어지면 취업에 불이익이 있기도 하고, 여전히 '공부 중'이라고 여기며 더욱 완벽히 준비가 된 다음에 사회생활을 시작하고 싶은 마음도 크다고 한다. 서울대만 들어가면 모든 일이 해결될 줄 알았는데 이게 웬일이란 말인가. 서울대가 이럴진대 다른 대학은 어떻겠는가. 요새는 '인in 서울'이 서울대학교라 불릴 만큼 인문계 일반 고등학교에서 서울 소재 4년제 대학에 들어가는 일이 어려운 일이 되었다. 낙타의 수는 많은데 바늘귀는 점점 작아지고 있다.

대기업에 들어간다 해도 평생직장이 되리라고 기대하는 사람은 아마 없을 것이다. 대기업의 관문을 뚫은 사람들이 한번 숨을 돌리고 나면 '사오정' '오륙도'란 말이 눈앞에 아른거린다. 이게 내가 바라던 인생인가. 공부로 경쟁해 얻는 직업은 이제 레드오션이다. 왜 세상이 이런가 하고 한탄을 하기에 앞서서 세상이 바뀐 것을 인정해야 할 때가 온 것이라고 생각한다.

영국의 사회학자이자 경제학자인 프레드 허슈Fred Hirsch는 70년대 영국 사회를 분석했다. 경제적 풍요를 누리게 되자 많은 이들이 도리어 결과에 실망하는 풍요의 역설을 그는 '성장의 사회적 한계the social limits to growth'란 개념으로 설명했다. 경제 성장이 일정 단계에 이르러 대부분이 먹고살 만해지면 한정된 자원인 '지위'를 차지하는 것이 물질적 풍요보다 훨씬 중요한 욕구가 된다.

지금 한국 사회가 그러하다. 베이비붐 세대는 사회의 발전 속에서 물질적 풍요를 상대적으로 쉽게 얻을 수 있었다. 사회 발전이라는 큰 흐름에 동승하기만 하면 됐다. 이제 이들이 부모 세대가 돼 자식은 물질적 풍요보다 지위를 얻기를 바라고 있다. 대기업 사원, 전문직 종사자, 고급 공무원과 같은 한정된 수의 지위를 놓고 많은 이가 경쟁하는 시대가 열린 것이다. 2015년 3월 3일자 동아일보 기사에 따르면 1996년 양질의 일자리는 535만 개였는데, 대졸 노동력은 497만 명으로 수요가 더 많았다. 반면에 2010년 양질의 일자리는 581만 개로 예전과 비슷하나 대졸 노동력은 965만 명으로 공급이 초과된 상태다.

이전 세대가 양적 팽창이 일어나는 오르막 시대에 살았다면 지금은 모든 게 팍팍하고 촘촘해진 내리막 시대다. 시대의 변화를 인정하고 패러다임을 바꿔야 할 때다. 열심히 노력해 경쟁에서 승리하면 물질과 지위를 얻을 것이란 믿음에서 벗어나야 한다. 또 한정된 '직업'을 쟁취하는 것을 목적으로 삼는 것에서 탈피해야 한다. 카이스트를 졸업하고 컨설턴트로 일하다 지금은 전자책 출판 협동조합 롤링다이스를 운영하는 제현주 씨는 『내리막 세상에서 일하는 노마드를 위한 안내서』에서 자신의 삶을 포함한 새로운 삶의 방식을 여럿 소개하고 있다. 그녀는 '내가 지금 하고 싶은 일'에 대한 고민을 먼저 하라고 조언한다.

먼저 남들이 보기에 괜찮은 직업, 이전 세대에서 성공할 수 있고 안정적이라고 검증된 직업이 지금 세대에도 유효할 것이라고 여겨서는 안 된다. 부모 세대는 그렇게 생각할 수 있다. 전후 폐허에서는 오직 공부를 하는 것만으로도 상당한 승률로 중산층에 진입할 수 있었다. 자기 자식들도 이 같은 방식으로 사회에서 성공하기를 바라는 것은 당연하다. 이들이 사회적 여론을 주도했기에 생산직 노동자나 자영업자도 자신과 같은 직업보다는 공부를 통해 얻는 직업이 낫다는 인식을 갖게 되었다. 그러나 안타까운 일은 다음 세대에서 벌어진다. 사회는 정체되어버렸다. 성숙기에 접어든 우리 사회에서 좋은 일자리는 늘어나기는커녕, 도리어 IT 기술의 발전과 글로벌화의 영향 등으로 줄어들고 있는 상황이다.

적은 수의 자리를 놓고 경쟁을 하니 지원자의 수준은 점점 올라가게 된다. 세칭 '지나친 고퀄'이라 하는 스펙 인플레이션이 생긴다. 이렇게 인플레이션이 심해질수록 그 직업에 대한 만족도는 떨어지기 마련이다. 사회에 진출하기 위해 시간과 에너지, 비용을 투자했지만 투자 대비 이익을 기대하기 어려운 수준이 되어버린 것이다. 모두 이렇게 되리라는 것을 알고 있으면서도 관성대로 나아가고 있다. 레드오션 문제를 해결하지 못한 채 절벽을 향해 달려가는 폭주기관차와 같다.

이 판은 일종의 도박판과 비슷하다. 도박판에서 결국 마지막에 승리하는 사람은 누구라고 생각하는가? 운이 좋은 사람? 이 판을 많이 연구한 프로 도박사? 매일 출근해서 열심히 정성을 쏟은 사람? 아니다. 마지막에 승리를 하는 사람은 바로 '아랍 왕자'다. 제한 없는 판돈을 가진 사람과 붙으면 절대 이기지 못한다. 도박판에서 실력, 성실성, 운보다 더 큰 힘을 갖는 것이 자본력이다. 딱 한 번의 게임이 아니라, 여러 번의 도박을 모두 손실 없이 이겨야 할 때에는 판돈을 올려 가면서 끝까지 따라갈 수 있는 자본력이 가장 중요하다.

이전 세대와 지금 세대의 큰 차이 중 하나는 교육이란 도박판에 자본을 투자하는 데 주저하지 않는 부모의 절대적 수가 매우 늘어났다는 것이다. 집안 좋고 경제력 좋은 아이들이 좋은 대학에 가고 '음서제'로 좋은 직장이나 전문직에 진출하는, 다시 말해 '계급 사다리가 굳어지는 현상'은 피할 수 없다. 영국 사회를 보면 그런 현상이 100년 전부터 이미 뚜렷하게 관찰된다.

발상의 대전환이 어느 때보다 필요한 이유다. 이전 세대가 만들어 놓은 '중산층 고학력 전문직·사무직'이란 이데올로기에서 벗어나야 한다. 개념적으로 일은 직업보다 유동적이고 더 큰 의미를 갖는다. 적절한 수준의 보상을 얻으면서 의미를 얻을 수 있다. 몰입의 경험을 느낄 수 있는 다양한 일을 시도하고 동시에 해나가는 것이 지금 젊은 세대가 나아갈 삶의 방식이다. 이젠 한 직업 안에 머무는 정착민이 아닌 주도적 노마드nomad, 유목민으로 살아야 한다.

평생 직업이란 개념에서 벗어나 한 번에 두 가지 일을 할 수도 있다. 일을 하다가 다른 일로 갈아타는 유동성을 갖는 것도 필요하다. 탄탄한 직업이 주는 안전망은 없지만 대신 개인들의 느슨한 연대가 그 기능을 충분히 대신하리라 본다. 이런 방식의 성공이 확산될수록 한정된 지위를 놓고 벌이는 무한 경쟁, 이에 따른 강박적 불안은 줄어들 것이고, 각자 자신의 욕구를 실현할 수 있을 것이다. 아랍 왕자 같은 무한의 자본력을 가진 이들과 게임이 안 되는 게임을 하려고 하는 부질없는 노력에서 벗어나야 진짜 내 인생을 만들 수 있다. 그걸 하지 못하면, 좋은 대학, 좋은 직장이라고 보일 만한 곳에 들어갈 수 있을지는 모르겠으나, 남는 것은 신빈곤층으로 굴러떨어질지 모른다는 암울한 전망일 것이다.

매뉴얼도 메시아도 없이 살아가기

이 혼란스러운 세상에서 개인의 생존 가능성을 높일 방법은 두 가지다. 하나는 분명한 매뉴얼이 있는 것이고, 다른 하나는 무조건 믿고 따를 메시아다.

2014년 4월 16일 이전과 이후로 우리 삶의 가치관은 근본부터 바뀌었다. 세월호 사건 이후 우왕좌왕하고 콘트롤 타워 없이 혼란에 빠진 정부 시스템을 보면서 그동안 수십 년간 쌓아올린 우리 사회의 성취가 사상누각에 불과한 것일지 모른다는 의심을 갖게 되었다. 갑작스러운 재난 상황에 매뉴얼은 작동하지 않은 게 아니라 애초에 전혀 존재하지 않았다는 것이 드러났다. 그 의심은 2015년의 메르스 사태 때 다시 한 번 확인되면서 확신으로 전환되었다. 잘 짜인 매뉴얼이 있고 그것대로 따라간다면 잘난 사람이 리더 역할을 하지 않더라도 최소한 안전하게 체계적으로 상황을 정리하고 일을 진행해나갈 수 있다. 하지만 정부와 공무원 조직은 비대해졌고, 기업 시스템은 거대해졌지만 제대로 작동하는 매뉴얼은 없는 빈 깡통임이 드러났다. 그나마 존재하는 매뉴얼은 경전화되어 문구에만 지나치게 집착하고 좁게 해석하는 관료주의처럼 자유를 속박하고 있을 뿐이다.

이런 상황이 되면 사람들은 눈을 돌려 메시아를 찾는다. 한 방에 나를 구원해줄 전능한 존재가 나타나기를 바란다. 여기에 논리와 이성은 작동하지 않는다. 리더는 신격화되고 우상숭배가 시작된다. 몇 명이 등장했다가 실체가 드러나 거꾸러지기를 반복한다. 너무나 당연한 탄핵이 정치공작으로 해석되고, 외국에서 오랜만에 귀국한 외교관 출신 정치인이 새로운 메시아로 반짝 숭앙받기도 했다. 실제로 그들이 모든 문제를 해결할 수 없다는 것을 이성적으로는 알고 있지만 절실한 마음에, 한 개인의 이성이 감당하기에는 총체적인 난국이기에 고르디우스의 매듭을 한칼에 베어버린 알렉산더 같은 메시아적 리더가 나타나 묻지도 따지지도 않고 그만 따라가면 되기를 열망하게 되는 것이다. 그러나 우리는 경험으로 이미 알고 있지 않은가, 그런 메시아는 존재할 수 없고, 또 현세에 존재해서도 안 된다는 것을.

그렇다면 어쩌란 말인가, 매뉴얼은 존재하지도 작동하지도 않고, 지금까지 등장한 메시아적 리더는 허구적 거짓말쟁이요 구원은 없었다는 것이 매번 밝혀지고 있는데. 절망에 빠져 "한국이 싫어서"를 외치고

'탈조선'을 실행하는 것이 해답이 될 수 없다. 지금 우리가 살아가고 있는 곳에서 어떻게든 해봐야 하지 않겠는가. 얽히고설킨 시스템의 난국, 매뉴얼과 리더 부재의 상황에서 개인의 선택은 무엇이 되어야 할까?

불확실한 세상은 언제나 나를 불안정하게 흔들리게 만든다. 그 흔들림은 위험신호를 발생시키고 몸은 긴장하고, 마음은 예민해지고, 전투모드를 지속하다 제풀에 지쳐버린다. 마음의 에너지는 바닥을 드러내고, 싱크홀에 빠져서 세상의 절멸을 바라거나 구원의 환상을 꿈꾸고 있다.

이 안에서 개인이 강해질 수 있는 정도에는 분명한 한계가 있다. 이제 나 한 사람의 생존 능력을 극대화시키고 자아를 완벽하게 발달시키겠다는 욕망이 의미 없음을 인정하는 것부터 시작했으면 한다. 나 하나 살아남는다고, 더 강해져서 옆 사람을 누른다고, 영속하는 행복은 오지 않는다. 완벽할 필요 없음을, 이길 필요 없음을, 욕망의 적정 수위를 조절하는 것이 생존에 위협이 되지 않음을 깨닫는 것이 우선해야 한다. 그다음 나의 결핍, 부족함, 모자람을 인정하면서 공감의 문을 열어야 한다. 내 결핍을 인식해야 타인의 결핍에 대해서도 역시 그 가능성을 인정할 수 있고, 이를 통해 공감과 연대의 필요성이 발생한다. 더 나아가 느슨한 관계망의 확장과 세상과 타인을 향한 대가 없는 이타적 호혜평등성이 개인에게 긍정적 가치와 삶의 의미를 주는 것으로 이어진다.

날씨가 갑자기 추워져서 사람들이 많이 나오지 않을까 걱정되어 만

사 제쳐두고 광화문 광장에 나와 촛불을 든 사람들의 마음이 바로 이런 가치의 믿음에서 비롯된 행동이다. 행동은 사람을 바꾸고 이런 한 명 한 명의 변화가 이어져 사회의 큰 흐름의 변화도 가져올 것이라 믿는다. 만일 그런 가능성이 열린다면 지나치게 잘 짜여서 개인의 고유한 융통성을 제한할 수 있는 완벽한 매뉴얼도 더이상 필요 없어질 것이다. 더욱이 모든 문제를 대신 판단하고 해결해주며, 그가 가라는대로만 가면 되는 강력한 메시아적 리더 또한 우리 사회에 필요 없어질 것이다.

2014년 세월호의 아픔으로 시작한 시스템의 균열은 2016년 광화문의 촛불집회로 이어져 우리 사회가 새로운 세상으로 '버전업'될 기회가 온 것이다. 그것이 불확실성과 혼돈의 이 시대에 사는 모든 이들에게 가장 확실하고 믿을 수 있는 마음의 지표가 될 수 있기를 바란다.

댄 애리얼리, 『거짓말하는 착한 사람들』, 이경식 옮김, 청림출판, 2012.

바스 카스트, 『선택의 조건』, 정인회 옮김, 한국경제신문, 2012.

박찬일, 『추억의 절반은 맛이다』, 푸른숲, 2012.

브리짓 슐트, 『타임 푸어』, 안진이 옮김, 더퀘스트, 2015.

샘 고슬링, 『스눕』, 김선아 옮김, 한국경제신문사, 2010.

센딜 멀레이너선·엘다 샤퍼, 『결핍의 경제학』, 이경식 옮김, RHK, 2014.

쉬나 아이엔가, 『쉬나의 선택 실험실』, 오혜경 옮김, 21세기북스, 2010.

아베 야로, 『술친구 밥친구』, 미우, 2014.

이소베 우시오, 『스타벅스로 간 은둔형 외톨이』, 이성동 옮김, 대숲바람,
    2009.

제인 맥고니걸, 『누구나 게임을 한다』, 김고명 옮김, RHK, 2012.

제현주, 『내리막 세상에서 일하는 노마드를 위한 안내서』, 어크로스, 2014.

존 카치오포·윌리엄 패트릭, 『인간은 왜 외로움을 느끼는가』, 이원기 옮김,
    민음사, 2013.

후루이치 노리토시, 『절망의 나라의 행복한 젊은이들』, 이언숙 옮김, 민음사,
    2014.

Dijksterhuis, A., Bos, M. W., Nordgren, L. F., van Baaren, R. B., "On
    making the right choice: the deliberation-without-attention effect",

Science, 2006, Feb, 17;311(5763).

Festinger, L., *A Theory of Cognitive Dissonance*, Stanford, CA: Stanford University Press, 1957.

Hirsch, Fred, *The Social Limits to Growth*, RKP, 1977.

McNally, Richard J., Bryant, Richard A., Ehlers, Anke, "Does Early Psychological Intervention Promote Recovery From Posttraumatic Stress?", *Psychological Science*, 2003. vol. 4, no. 2.

Repetti, Rena L., "Short-term and long-term processes linking job stressors to father-child interaction", *Social Development*, 1994, 3(1).

Twenge, Jean M., *Generation Me*, Simon & Schuster, 2006.

Wilson, Timothy D., Schooler, Jonathan W., "Thinking Too Much: Introspection Can Reduce the Quality of Preferences and Decisions", *Journal of Personality and Social Psychology*, 1991, Feb, 60(2).

대한민국 마음 보고서

1판 1쇄 2017년 2월 24일
1판 5쇄 2022년 3월 22일

지은이 하지현

기획·책임편집 강명효 | 편집 구민정 류기일 | 디자인 김현우 이주영
마케팅 정민호 이숙재 박보람 한민아 김혜연 이가을 안남영 김수현 정경주 이소정
브랜딩 함유지 함근아 김희숙 정승민 | 제작 강신은 김동욱 임현식 | 제작처 한영문화사

펴낸곳 (주)문학동네 | 펴낸이 김소영
출판등록 1993년 10월 22일 제2003-000045호
주소 10881 경기도 파주시 회동길 210
전자우편 editor@munhak.com | 대표전화 031)955-8888 | 팩스 031)955-8855
문의전화 031)955-8895(마케팅) 031)955-2671(편집)
문학동네카페 http://cafe.naver.com/mhdn | 트위터 @munhakdongne
북클럽문학동네 http://bookclubmunhak.com

ISBN 978-89-546-4459-4 03180

www.munhak.com